[美]
林恩·亨德森 著
(Lynne Henderson)

邹丹 译

害羞者的社交手册
The Shyness Workbook

中信出版集团 | 北京

图书在版编目（CIP）数据

害羞者的社交手册/（美）林恩·亨德森著；邹丹译.--北京：中信出版社，2023.9
书名原文：The Shyness Workbook
ISBN 978-7-5217-5956-3

Ⅰ.①害… Ⅱ.①林…②邹… Ⅲ.①社交恐怖症—自我控制—手册 Ⅳ.① C912.3-62

中国国家版本馆 CIP 数据核字（2023）第 161056 号

The Shyness Workbook by Lynne Henderson
Copyright © Lynne Henderson, 2021
First published in the United Kingdom in the English language in 2021 by Robinson, an imprint of Little, Brown Book Group.
Simplified Chinese translation copyright © 2023 By CITIC PRESS CORPORATION
ALL RIGHTS RESERVED
本书仅限中国大陆地区发行销售

害羞者的社交手册
著者：　　［美］林恩·亨德森
译者：　　邹丹
出版发行：中信出版集团股份有限公司
（北京市朝阳区东三环北路 27 号嘉铭中心　邮编　100020）
承印者：　嘉业印刷（天津）有限公司

开本：787mm×1092mm 1/32　　印张：10.125　　字数：160 千字
版次：2023 年 9 月第 1 版　　　印次：2023 年 9 月第 1 次印刷
京权图字：01-2022-6735　　　　书号：ISBN 978-7-5217-5956-3
定价：59.00 元

版权所有·侵权必究
如有印刷、装订问题，本公司负责调换。
服务热线：400-600-8099
投稿邮箱：author@citicpub.com

目录

前言 / V

导读 / XIII

第一章
害羞,以及我们复杂的大脑 / 001

害羞并不是错!害羞的程度变化范围很大,有益的害羞能在生活的各个方面帮助我们,但有问题的害羞可能导致社交焦虑等问题。

第二章
神经科学与大脑情绪调节系统 / 045

进化让我们的大脑有三个基本的情绪调节系统:威胁系统、驱动系统和舒缓系统。自我批评倾向于激活威胁系统;学会自我友善的技能则可以激活舒缓系统,帮助情绪系统恢复平衡。

第三章
培养自我友善的技能与慈悲心 / 083

我们可以简单地把慈悲看作对自己和他人的痛苦保持开放和敏感,带有减轻痛苦的责任感。训练自我友善的技能,培养慈悲心,可以减缓焦虑;反之,焦虑会让人丧失慈悲。

第四章
将心智转向善良与慈悲的练习 / 107

注意生活中的满足和快乐并记录下来,每天坚持进行正念练习,肯定大脑产生的自我支持的想法……都有助于发展慈悲和保持心智平衡。

第五章
学习使用慈悲意象技巧 / 135

一个能够保护你、给你力量的理想朋友,一个已经拥有了慈悲对待痛苦能力的自己,一个属于自己的、能够无限放松的环境,都是可以用来刺激舒缓系统,平衡威胁系统、减少社交焦虑的意象。

第六章
培养慈悲思维 / 167

当你停下来注意自己的想法、感受和身体感觉时,你会更清晰地意识到想法是如何产生和相互作用的:什么样的特定事件、身体状态和情绪会触发某些类型的思维,以及如何转化成为积极的想法。

第七章
让社交焦虑和害羞思维重回平衡的其他方法 / 213

使用"新脑"的推理、智慧和逻辑,让社交焦虑和令人痛苦的害羞思维重新回到平衡。我们可以改变对世界和对我们自己的看法,将那些对我们无益的信念变成对我们有益的信念。

第八章
抵御外界打击的慈悲行为 / 249

慈悲行为意味着在我们面临社交焦虑、挑战和挫折时采取行动,做一些鼓励和支持的事情。用慈悲改变行为不是一朝一夕的事,对我们所有人来说都是一个持续终生的过程,它会带来更多的满足感和喜悦。

第九章
整合的行动建议 / 295

当再次发生社交困难或挫折时,你可以用哪些方法保护自己并继续取得进步?

前言

多年来我一直与充满勇气和奉献精神的来访者及同事一起工作、共同学习，我很高兴将《使用慈悲聚焦疗法提升社交自信并减少害羞》(*Improving Social Confidence and Reducing Shyness Using Compassion Focused Therapy*) 一书重新编写成这本《害羞者的社交手册》(*The Shyness Workbook: Take Control of Social Anxiety Using Your Compassionate Mind*)。

这本书是我在加利福尼亚州帕洛阿尔托害羞诊所里实践的结晶。治疗师和来访者一起探讨了害羞和羞耻是如何阻碍我们实现自身潜能，以及全心全意与他人交往的。我们也知道了，从中我们可以写下自身体验、学到多少东西，以及头脑风暴和练习新行为如何将我们导向新的学习。

让我们回到斯坦福害羞诊所，重温促使本书出版的各种因素。1971年，菲利普·津巴多和他的学生们进行了一项被称为斯坦福监狱实验的心理学研究。他们把心理学大楼的地下室设置成一个全天候的模拟监狱，并将一组心理健康的普通年轻本科生随机分配成囚犯或看守的角色。"囚犯"很快变得焦虑不安并出现相应的症状，而"看守"则变得非常残忍，以至于（原定进行2周的）实验在6天后即告终止。之后，菲尔（菲利普的昵称）和学生们组织了一个研讨会，试图了解发生了什么。其中一个学生提出，对于自我来说，害羞既是囚犯又是看守，作为囚犯的自我想出来但很恐惧，作为看守的自我则充满敌意，意图将囚犯困在里面。基于这一洞察，菲尔和学生们开始在斯坦福大学收集数据，最终形成了《害羞心理学》这一著作。他们组织小组活动，并称之为斯坦福害羞诊所。

我在1982年成为斯坦福害羞诊所的管理者，诊所的名称也改成了帕洛阿尔托害羞诊所。津巴多博士则成了我们的顾问、研究导师和合作者。接下来的38年里，通过在害羞诊所与害羞者一起工作，以及作为私人医生执业，我为害羞及社交焦虑的人开发了一种学习模式，称之为社交适能训练（Social Fitness Training^{SM}）。正如你将在本书中看到的，前13周使用带角色扮演的认知行为治疗模型，该模型基于里克·海姆伯格和黛布拉·霍普的工作；后13周的内容包括社交技能训练和加深亲密关系训练。

通过这项工作，我发现（并且直到如今还是觉得）那些极度害羞和社交焦虑的人具有非凡的能力和韧性。当人们——包括那些达到社交焦虑诊断标准的人（我们所有的来访者都是这样）——感到被接纳和尊重时，他们并不缺乏社交技能。我们的来访者在见面和互动时表现出了相当可观的社交能力。在小组中，他们认真尽责，乐于协作，为其他成员着想。在与他们喜欢和尊重的但同样自认为很害羞的人相处时，他们感到非常安心。几乎每个人在进入这些小组后，都认为自己是小组中最害羞、最不能胜任的。然而，给我留下深刻印象的是他们的长处，而不是弱点。来访者扮演的角色之一是作为团队完成任务，解决问题。他们极具合作精神，熟练地轮流行动，不管作为领导者还是追随者都很出色，最终迅速解决了问题。他们极其训练有素，以至于我后来在会议上做演讲时还播放了当时的录像（已征得他们同意）。

然而，我也看到，有多少来访者在羞耻和自责中挣扎，他们承受着多大的痛苦。尽管如此，我们通常都能在小组中度过愉快的时光，用幽默和嘲笑来对待我们自己以及生活中的挑战，这种做法非常有用。

因为害羞的人往往对自己很苛刻，经受了太多的羞耻感，我意识到他们因害羞而感到耻辱，并认为这是一种需要治疗的疾病，这是一种被制药公司强化的信念。在我看来，这绝对是一种错误的认知模式，因为它让他们自觉无力和无能。我决定采用一种以健康为导向的模式，在这种模式中，我们尊重来访者，像对待同行者一样，与他们共同学习如何才能让我们所有人都尽可能地适应社会。这就是为什么我将自己的疗法命名为社交适能训练。在诊所里，当其他人邀请小组组长作为领导者时，组长会温和地予以拒绝，并请求来访者全心投入角色扮演；请来访者评价我们用于社交技能培训的书籍，并反馈这些小组对他们是否有帮助、帮助有多大，以及他们对我们的感觉如何。当来访者开始给我反馈后，小组变得非常活跃，很快来访者就开始在小组中扮演领导者的角色。因为我先前也接受了心理动力学方面的训练，所以在培训的后13周，当我们致力于建立信任、自我表露、倾听技巧、非言语沟通、处理冲突和自我主张的时候，我也嵌入了这方面的干预。心理动力学干预有助于来访者意识到以前被忽略的想法和感受。

我和伦纳德·霍洛维茨在斯坦福大学的研究引出了另一个观察。我们处理的是每个人每天都会产生很多次的"消极的自动思维"。它们可以是对自己的评价，例如，"我永远做不好这件事"或者"我永远无法融入任何地方"，也可以指向其他人，例如，"当人们看到我的不安时，他们会有优越感""在我感到不舒服时，人们不认同我的感受"，或者"如果我让别人接近我，他们会拒绝并伤害我"。我们的研究表明，与害羞的和不害羞的斯坦福学生相比，害羞诊所的来访者产生消极自动思维的数量明显更多（我们以来访者在小组发言中所包含的指向他人的消极自动思维为基础计数）。这些发现表明，许多习惯性害羞者和社交焦虑症患者难以信任他人。他们认为他人是挑剔的、居高临下的、伤人的，这让他们感到与自身和他人都很疏远。

在小组中，来访者能够减少自责和羞耻感、对他人的负面想法、怨恨、害羞和抑郁。然而，在小组活动结束后，他们似乎仍然难以调节羞耻感和情绪。这促使我寻找更好的方法帮助来访者保持治疗成果，长期调节情绪并对自己抱有慈悲心。我探索正念技巧并成为一名受训的正念减压导师，目的是将正念减压纳入我在诊所的治疗中。

听说了保罗·吉尔伯特在慈悲心训练方面的工作后，我很感兴趣，想学习更多东西。于是我参加了保罗在英国举办的研讨会，深入研究了他的慈悲聚焦疗法（Compassion Focused Therapy，CFT）。他描述了威胁系统、驱动系统和舒缓系统，并使用特定的、有针对性的练习来减少恐惧和羞耻，促进自我安慰和慈悲，让我们能够使用驱动系统全力以赴地积极追求我们的目标。它在治疗习惯性害羞和社交焦虑症方面已显示出巨大的潜力。

吉尔伯特博士邀请我写一本关于用慈悲疗法来治疗害羞

的书，我欣然接受了邀请，尽管我觉得他邀请一个慈悲聚焦疗法的新手来做这件事十分冒险。《使用慈悲聚焦疗法提升社交自信并减少害羞》一书就是这一邀请的结果。

保罗帮助我修订（有时还重写）了那本书的一些章节，对此我深表感谢。我尊敬保罗，因为他是一个善良和有耐心的人，也因为他以丰富的专业知识和能力将自己在多个领域的领悟结合起来，帮助我们所有人过上更慈悲的生活。

保罗最近又邀请我把那本书重新编写成这本《害羞者的社交手册》。我认为，这本手册对于你结识他人、参与社交活动、建立亲密关系非常有帮助。那些与害羞抗争的人通常很快就能学会如何认识和了解他人，在这种情况下，简单地分享关于自我、兴趣、爱好、志愿活动和价值观方面的事实就足够了。然而，随着亲密关系的加深，在个人层面上与他人分享可能会变得更具挑战性。建立亲密关系意味着更多的风险。在接近某个人时，我们通常都会担心："如果对方了解了'真实的我'，了解了我的缺点和不安全感，然后拒绝了我，那怎么办？"当我们感到害羞时，我们不会意识到这些想法是普遍存在的。所有人在建立亲密关系时都会感到受威胁和不安全。毕竟，涉及的利害关系很多。我们需要好的朋友和伴侣，他们将和我们在一起，支持我们渡过难关。我们必须适应自己、忠于自己，才能过上充实和满意的生活，如果我们做不到这些，那就需要有人愿意为我们提供有益的反馈。

因为《害羞者的社交手册》让你能够反思亲密关系，允许你探索对其他人的恐惧，有机会挑战和揭露你的消极自动思维。当你能够与他人分享你的想法，看到我们所有人都有这样的担忧时，你对亲密关系恐惧的敏感程度就有可能降低。

《害羞者的社交手册》邀请你给自己布置家庭作业，然后写下你的体验，包括你下次可能想做出什么改变。本书也鼓励你花一些时间来品味自己的成功，因为成功只是做你向自己承诺会做的事。（涉及他人的结果不完全受你控制，并且依赖于每个人的情绪状态、关注点和限制条件。然而，你可以控制自己所采取的行动，以及你对这些行动的感受。）

通过本书，你可以创造环境，使得实验不同的想法和行为成为常态，这将促使你持续学习。你、我，或我们中的任何人，只有经过踽踽而行、绊倒摔跤甚至摔得鼻青脸肿的过程，才会变得更善于社交。社交适能训练就是因此而得名。正如坐在板凳上不会让我们成为优秀的运动员，回避与他人接触也不会让我们成为社交达人。当前有大量研究证明我们在学习时所犯的错误具有适应性作用。有多少次你注意到了，在学习的过程中偏离主题，或者想象如何在另一个场景中使用所学内容，实际上同时扩展和深化了你的知识。

无论你是治疗师还是来访者，我都希望《害羞者的社交手册》能够激发你的思考和讨论，并成为你进行团体或个人治疗的辅助工具或你的自助工具箱中有用的一员。

我很喜欢使用工作手册这种形式，希望你也是如此。

林恩·亨德森博士
加利福尼亚州伯克利
2021

导读

很荣幸能为林恩·亨德森这本关于建立社交自信的重要著作撰写导读。我在11年前为亨德森博士的《使用慈悲聚焦疗法提升社交自信并减少害羞》一书撰写了导读，想想真让人感叹。（慈悲聚焦疗法是一种以慈悲为中心来处理社交自信、害羞和社交焦虑的方法。）多年来，她一直是该领域的国际领导者，也是将慈悲聚焦疗法融入一个已经达到鼎盛状态的、帮助社交焦虑者和害羞者的项目的先驱。许多人从她的早期著作中获得了深刻的见解和帮助。对于有这些困难的人来说，这本新的工作手册同样令人印象深刻，也同样重要。

可以想象，在过去的11年中，害羞、社交自信和慈悲的领域都有很多变化和发展。例如，对慈悲本身作为一个基本的动机过程的本质的研究爆发式增长。研究已经确认了支持我们关怀和慈悲能力的核心进化生理系统。慈悲不同于（许多其他物种表现出的）直接的关心，它是一种有意识的、刻意的去关心和帮助的意图。因此，慈悲的核心是勇于面对苦难，同时也准备好培养出解决问题的智慧。对于社交焦虑和害羞等问题，这一导向为正念、接纳和真诚的助人意愿创造了一个内在平台，而不是吹毛求疵或造成伤害。在世界各地，越来越多的研究在探索人们在践行各个方面的慈悲时大脑中发生的变化。此外，越来越多的证据表明，慈悲心训练和慈悲聚焦疗法有助于解决许多不同类型的心理健康问题。

这很重要，因为害羞和社交焦虑本身是问题，但也是跨诊断的问题。它们可能突然出现在抑郁症、其他焦虑障碍、进食障碍甚至精神病性障碍等困难中。了解害羞和社交焦虑的本质，并且能够应对这些问题，是建立社交自信、改变许多心理健康问题的关键。这一点很重要，因为现在我们已经知道，能够与他人建立有益的支持关系的能力是幸福的基石。害羞和社交焦虑会剥夺我们与他人连接的机会。事实上，有这些困难的人会感到孤立无援，害怕寻求帮助，有些人甚至没有意识到自己可以获得帮助。

在《害羞者的社交手册》中，亨德森博士熟练地概述了她的思想是如何发展的，她如何将慈悲聚焦疗法领域不断发展的文献整合到社交焦虑以及她的社交适能训练中。读者将发现许多新的领域、新的见解和新的练习，这些都有助于他们建立社交自信。鉴于她一生中处理这些问题的丰富经验，在这本新的著作中看到这些新想法是十分令人激动的。这些见解、理解和方法可以帮助与这些困难斗争的人，许多人将从中获得极大的慰藉和益处。

保罗·吉尔伯特
2021

第一章

害羞，以及我们复杂的大脑

几乎所有人都经历过害羞、社交尴尬、迟疑不决和焦虑的时刻。回想一下你在生活中感到害羞和社交紧张的时刻。当时在你周围发生了什么事？谁在那里？你是处在一个什么样的场合中？当结识新朋友、第一次约会、参加工作面试、与权威人士交谈或者在两三个人的小圈子里谈话时，很多人都会感到害羞和不自在。如果我们认为其他人正在评判我们，我们也会感到焦虑，担心受到批评。这种被观察和评估的感觉可能非常痛苦——这种痛苦不只在我们认为自己受到负面评价时才产生；当人们出于积极的理由赞扬我们并将我们置于聚光灯下时，我们也会有强烈的不自在的感觉。

当你回忆起自己感到害羞或不自在的那些时刻，你可能也会唤起与焦虑情绪相伴随的身体感觉，如口干舌燥、心慌欲吐、声音颤抖或沙哑、反复清嗓子。当感觉有人在看着我们时，我们涨红了脸，感到面部又热又涨。我们的头脑一片空白，直到后来——也许几个小时后——我们才暗自思忖："发生了什么？为什么我要说这句或那句话？"

如果你有过这样的经历，你并不孤单。这些都是非常普遍的感受和反应。事实上，至少98%的美国大学生和成年人都有过这种害羞和焦虑的经历。如今将近60%的大学生表示自己很害羞，并且认为害羞有时是个问题。所以，很难想象一个从来不感到害羞的人，因为害羞被认为是人类的一种基本情绪，是恐惧和兴趣的混合。

然而，我们所体验到的害羞的程度受到多种因素的影响，有一些是内部因素（我们内心的），有一些是外部因素（我们身外的）。

在本书中，我们将探讨害羞和社交焦虑的现象，目的是了解害羞的感觉、想法和行为，并学会应对它们。我们将考虑如何培养对焦虑的慈悲，而不是试图忽视它、回避它，甚至憎恨它。毕竟，正如我们将看到的，焦虑是大脑进化的一种适应性功能——有充分的理由表明，所有动物都具备产生焦虑和社交警惕的能力。在探索这一概念时我们会发现，害羞和焦虑造成的困难不是我们的错，而是大脑设计的一部分。

我们将介绍害羞的优点，包括害羞的价值体系，以及它的弱点。我们将探讨正常的害羞是如何成为我们的问题的，以及当它成为问题的时候我们要怎么应对。我们将探讨什么是有帮助的，什么会让情况变得更糟。

这本书是一个邀请，作为读者的你可以用任何适合你的方式使用它。书中包含了其他人认为有用的描述、思考和练习，其内容基于我和其他治疗师的数百名来访者的研究、实践，以及他们所报告的经验。我们每个人都是独一无二的。你可能会发现，本书中某些被认为属于害羞的感受、挑战、优点和缺点会引起你的共鸣，另一些则不会。类似地，这些描述、思考和练习可能对你有帮助，也可能没有帮助。我邀请你试用它们，然后使用适合你的部分。你可以自助，也可以在治疗师的帮助下或在团体中与他人一起使用本书。你是最有能力决定你要如何使用这本书的人。

普通害羞和慢性的、有问题的害羞的区别

在我们继续之前，重要的一点是区分人们时常会感受到的普通害羞，和更成问题的习惯性害羞或极度害羞。不到2%的大学生否认自己曾经害羞，在58%表示自己害羞的大学生中，大约三分之一的人认为害羞不是问题。如果你时常受到害羞的困扰——这可能就是你读这本书的原因——我希望这些练习能在你感到害羞时有所帮助。

我还想帮助你抵制过去几十年里形成的对害羞的负面刻板印象。我认为这些刻板印象是被误导的社会观念，以及媒体鼓吹外向和个人主义的结果。如果你不理解这些刻板印象从何而来，又是如何起作用的，它们就会破坏你的自信，让你难以接纳自己的宝贵气质。

对于一些读者来说，害羞会妨碍你在生活中想做的事，这可能是痛苦的生活经历和事件造成的。你会给自己贴上害羞的标签，并将害羞视为问题；别人会给你贴上害羞的标签，因为你很安静，可能有点内向而不是外向，也许不太自信。另一些读者可能意识到自己有时会感到内心极度害羞，但周围的人都认为你外向、社交能力强、完全不害羞。如果你是这样的人，你可能会担心如果人们了解你，他们会感到失望，认为你不够好。这反过来可能意味着，比起认识新朋友，你更害怕与人变得亲近起来。

有些读者在解决害羞问题时可能会时不时地得到帮助。你可能正在自行应对和学习：也许你至少有一个朋友，也许更多，并且你在某些方面逐渐不那么害羞了——那些方面的害羞妨碍了你的工作和社交。在我上脱口秀节目时有人打电话进来，告诉我他们是如何通过阅读自助书籍以及自己试验新的行为来克服害羞的，也许你跟他们一样。

也许你长期承受着害羞的痛苦，因为害怕被评判而回避所有的社交场合，或者只是努力忍耐而感受不到任何乐趣——事实上，这些场合可能伴随着相当程度的不适感。可能有某一种（或更多）特殊情形会使你产生强烈而持久的不适感——也许是公开演讲、结识新朋友、邀请某人约会、与一小群人外出、与经理或教师打交道、性接触或其他亲密情境。也许你已经变得与世隔绝并轻度抑郁，也许你为了弥补自己的害羞表现得咄咄逼人，也许你非常孤独寂寞。这些都是来参加我的害羞小组的人们的经历。如果你也有同样的经历，本书中的练习也会对你有帮助。也许你还想找一个治疗师来指导你渡过难关。无论你的情况如何，你都可以试着做这些练习，观察它们的效果，确定什么能帮到你。

害羞的一些积极特征

人们对害羞有很多负面的联想，因此很容易忽略它的好处。害羞的人不会特别积极地去占据上风、强势地对待别人、争"第一"以及控制别人；这些人往往更关注与他人的联系、和睦相处和做好工作。

我们可以认为，具有这种气质的人在任何方面都与具有大胆气质的人（冲动、立即参与，但对他人的想法和感受不太敏感）拥有同样良好的适应性。自认为害羞的人在社交场合会使用研究人员称为"暂停-检查"的方法。也就是说，他们会在参与之前先"踩点"。

害羞的孩子往往对他人的想法和感受很敏感。他们往往会帮助同学，表现出合作和利他的行为，并对处于困境中的儿童表示同情。我们还知道，采用这种行为方式的儿童——心理学家称之为"亲社会行为"，在成长为青年后也很可能采用类似的行为方式。事实上，害羞的青少年也倾向于同情他人，除非他们处于严重的个人困境中，注意力正集中在自身的焦虑和不快上。当然，任何感觉如此糟糕的人都很难看到别人的感受和需要。

害羞的孩子很敏感。当父母和老师热情、友善、给予支持时，害羞的孩子比不害羞的孩子身体更健康，更少患过敏性鼻炎等疾病。而在支持性较低的环境中，他们的身体则不如不害羞的孩子。当对他人特别敏感的儿童或成年人处在竞争激烈、缺乏接纳、冷漠无情的环境（有毒环境）中时，他们会开始退缩，回避其他人。此时，符合他们最佳利益的做法是离开这个环境，寻求一个更具协作性和支持性的环境。对于害羞的孩子，这是父母需要做出的判断。

只有当生活中的糟糕经历和事件（例如，频繁搬家、失去父母、在家里或学校总是受到批评）、生活匮乏或经常被拒绝，使得正常的害羞和敏感成为一种困难时，害羞才会成为问题（有时是痛苦的，甚至令人衰弱的问题）。

如果你非常担心其他人对你的评判，以至于不去寻求友谊和社会支持、不去应聘你真正想做的工作或者不去你真正想去的学校,在这样的情况下,减少社交焦虑和令人痛苦的害羞是有帮助的。这一探索的目的就是让你觉得能够做你真正想做的事,专注于你关心的事情。

> 自我反思练习:探索你的害羞
>
> 你会在什么时候或者什么情况下感到害羞?
> _____
>
> 在那些场景中,你被激发了哪些情绪?
> _____
>
> 它们导致了什么样的动机或行为?你想做什么?
> _____

与害羞有关的问题不是你的错

我们现在知道,人类大脑已经进化了数亿年。事实上,大脑结构中最原始部分的起源可以追溯到进化的爬行动物阶段,甚至更早。人类大脑中有许多基础的情绪和行为系统,是我们与其他动物共享的。因此,我们会像它们一样变得焦虑或愤怒,像它们一样被推动着去做爱、交朋友、爱我们的孩子、为地位而战、让自己归属于某个人类群体,就像动物归属于某个兽群。如果我们被接纳、被需要，这些东西往往会让我们感到安全，但如果我们对此并不确定，那我们的安全感就会降低。我们有很多基本的激情、社会动机和情绪都是进化的产物。正如保罗·吉尔伯特在其著作《慈悲之心》(*The Compassionate Mind*)中所指出的，这对我们有着巨大的影响。它意味着，我们脑海中的很多想法，我们被推动着去做的那些事情，是因为进化把它们设计在我们身上，而我们的生活经历将它们塑造成形。大部分情况下，我们被设置成会感觉到某些事情——例如，担心这件事或害怕那件事——这不是我们的错。

所以，仔细想想这一点——与害羞有关的问题不是你的错。正如我们在整本书中所要探讨的，这句话非常重要，也为我们提供了一个关键的见解，它是慈悲方法的起点。当我们不再为慢性的、有问题的害羞和社交焦虑而自卑或自责时，我们就可以更自由地致力于以慈悲的方式来解决这一困难。我们可以认识到，对于令人痛苦的害羞体验很敏感，容易因此受到伤害，这不是我们的错。然而，我们能够致力于以慈悲的方式解决任何造成问题或痛苦的事物，这样社交焦虑就不会主宰我们的生活。

尽力让大脑发挥所长是我们的责任，但不论感受到什么样的焦虑，我们都不能因此自责。停止自我责备的那一刻，我们就解放了自己，能够更轻松地面对困难和挑战。

> **工作记录表**
>
> 考虑到害羞并不是我们的错,并且在感到害羞时,如果一次互动没有像我们希望的那样顺利进行,我们往往会因此而自责,想一想你最近一次自责的时候。
>
> 你对自己说了什么?
> ___
>
> 你有什么样的感觉?
> ___
>
> 它对你的信心水平有何影响?
> ___

我们都需要他人的支持、爱和倾听。这些普遍的需求让害羞这种情绪和天性害羞的人得以发挥优势,因为害羞的人往往善于倾听和鼓励,忠诚且始终如一。这些都是慈悲的品质。当我们对他人充满慈悲时,他们往往会以慈悲来回应我们。事实上,对人际关系的研究表明,友善的互惠是人类的基本倾向之一:当我们微笑并表现友善时,人们也会做出友善的回应。有趣的是,在领导方面,人们往往是互补的,而不是互惠的；当我们顺从时，别人会领导我们；当我们表现得自信时，别人则会服从我们的领导。对于害羞的人来说，诀窍是微笑并保持友善，以唤起友善的回应，学会在别人想要一直占据主导地位或有服从困难（或在领导时表现出糟糕的判断力）时表现得更加自信。害羞的人经常惊讶地发现，当他们提出想法、建议某项活动或做出更自信的行为时，别人会追随他们。

害羞的行为通常包含合作和维持信任关系，而不是支配和击败别人。我有一个害羞诊所来访者进行角色扮演练习的视频，视频的内容是挑选几个人登上宇宙飞船，逃离即将毁灭的地球。取得他们的同意后，我在一次会议上展示了这个视频。他们既不咄咄逼人也不唯命是从，而是彬彬有礼，善于轮流发言和倾听。他们贡献自己的想法，高效地解决了问题。观众们印象深刻！

有趣的是，社交焦虑和害羞在其他动物中很常见。为了以群体方式生存，而不用无休止地为资源争斗，许多动物形成了等级制度，强壮的、居于支配地位的个体保持着自信的态度，而不那么强大的个体则表现得更加谨慎。群体中的秩序往往是通过力量较弱者的社交焦虑来维持的。力量较弱的个体也有表现焦虑的特定方式，我们称之为服从行为。服从行为包括避免直视对方，让身体看起来更小而不是更大，待在外圈而非中心地带，不参与展示自信的行为。

想一想，人类也是这样的。事实上，一些理论家认为害羞和社交焦虑与对社会等级的敏感性有关。他们认为社交焦虑有助于维持社会秩序，如果没有它，攻击性行为可能会大幅增加，群体无法安定下来和平地生活。根据这一理论，轻微的害羞和社交焦虑让我们保持警惕，从而不会认为一切理所当然。相反，我们密切关注其他人在做什么和在想什么，十分在意不要让他们过于失望。因此，社交焦虑在某种程度上有利于促进社会和谐。

社会等级理论尤其适用于传统的男性主导的社会等级制度和竞争激烈的文化。然而，随着进化程度更高的男性和女性在企业界和政界取得实权地位，这一现象正在发生改变。"照料和结盟"（即交朋友，给予和接受社会支持，而不是"战斗或逃跑"）的文化开始出现在商业和学术界。结交朋友、寻求和给予社会支持的进化策略与战斗或逃跑的策略同样具有适应性。即使是占优势的阿尔法雄性也能从这一转变中受益，因为与狒狒类似，最具攻击性的雄性会在某个时刻失去力量，而其他具有攻击性的雄性则倾向于在这时候折磨和欺凌它们。相反，出于许多目的，害羞的人可能会有不同的生活方式——更和平、更合作的方式。也许我们可以不像狒狒，而更像和平的倭黑猩猩（类人猿家族的一员，也是人类的近亲）。

慈悲可以帮助害羞的人生活在一个将差异视为低劣和

问题的世界中。慈悲可以帮助那些害羞的人了解一个正在不断发展的世界，以及如何进入这个世界、如何帮助它发展得更好。

人类思维与自我意识的进化

人类不只是对社交等情境做出反应，比如在面对不确定性时表现得害羞——我们也会对这些情境进行思考、想象和幻想，为它们赋予意义，并在头脑中排演过去和未来的各种场景。例如，与新认识的人约会时，我们会想象对方是什么样的人。我们对他们的想象——是友善、关心，还是冷漠、不感兴趣——会立刻影响我们的情感，也会影响我们最终见到对方时的感受。在这方面，我们不像其他动物。

科学家指出，大约 200 万年前，人类开始进化出新的大脑功能：思考、反复思虑，并产生自我感和自我意识。这可能就是为什么我们的大脑非常关注我们在他人脑海中留下的印象。黑猩猩，我们的近亲之一，对于可能伤害它们的强壮或高等级的个体，会表现出明显的社交焦虑和警惕。然而，它们不会坐在那儿担心自己的外表和长胖的事实，以及其他黑猩猩对它们的肥胖或不完美的面部特征的反应。人类就会这样——并且很多时候都是这样。为什么我们每天早上都要起床，穿上干净的衣服，也许还要化妆来度过一天？因为我们关心自己在别人心目中的存在方式,所以对此高度敏感。

因此,虽然大多数非人类动物的恐惧与身体威胁有关,人类却更关注社会和心理威胁,例如被拒绝或忽视、取笑或批评。我们关心自己在别人心目中的形象,不愿被视为低劣。因此,我们人类仍然非常关注等级和社会地位,以及我们的吸引力、受欢迎程度,希望其他人认为我们有能力,并且需要我们。有问题的害羞者和社交焦虑者很少担心别人对他们使用暴力或攻击他们。他们更关心的是其他人是否会认为他们在某些方面缺乏吸引力、不受欢迎、无聊、无能或愚蠢。因此,他们在被忽视、排挤、遗弃、拒绝、批评或指责时,很容易受到伤害。

当这些恐惧被激活时,我们可能会表现出与其他动物相同的行为:顺从或回避。尽管我们担心的不是身体攻击(通常),如果我们感到其他人在心里贬低我们,社交恐惧会引发各种各样的身体和情绪感受,以及顺从的行为——就好像我们的某个部分开始阻止我们保护自己。

在传统性别角色中,这可能以刻板印象的方式出现。例如,女性的顺从行为受到赞许,害羞的女性和不害羞的女性,两者结婚的年龄和结婚的比例都一样。然而,男孩和男人可能会受到影响,特别是在竞争激烈的情况下。在这种环境中,传统观念所重视的男子气概是漠不关心和沉默寡言。

此外，女性受教育程度越高、意识越强，就越喜欢既有女性特质又有男性特质的男人，越不能容忍传统的男子气概典范——漠不关心的"硬汉"。

在诊所里，对于那些担心自己不够强势并且太敏感，因而找不到女朋友或伴侣的害羞男人，我们经常说："我们有好消息要告诉你！邀请一个女人出去喝咖啡或吃晚饭，告诉她你有点害羞，看看她有何反应。"这一练习往往开展得非常顺利。不过这并不意味着它总是一帆风顺，确实有女人喜欢非常强势甚至强硬的男人，但那些女人可能不适合敏感的男人！有时这些女人受过严重的伤害或虐待，正在寻找强有力的保护者。

工作记录表

在一个让我感到害羞的情境中，我的想法、情绪和行为是：
_____

与人类的近亲黑猩猩相比，我有何不同？
_____

人类的思维方式如何影响我的恐惧和顺从行为？
_____

人类特有的问题?

害羞情绪与我们对自己在他人心目中的存在方式的敏感程度有关,我们的想法和感受聚焦于我们所认为的其他人对我们的想法和感受上。那么,为什么人类会成为一个如此关注他人如何看待我们的物种呢?好吧,让我们再次向进化寻求答案。

人类具有高度的协作性:从出生那天到死亡那天,我们都需要别人的支持和帮助。从直系亲属以外的人那里寻求任何帮助和支持,都需要我们对其他人有吸引力。我们有动力去给别人留下好印象,因为我们希望他们喜欢我们并选择我们。例如,第一次上学时,我们就会意识到有些孩子似乎更受欢迎,有些孩子似乎更擅长运动(并被挑选出来参加游戏),还有些孩子似乎更加自信。我们意识到有些孩子受到了比其他人更多的关注。严重社交焦虑的孩子可能非常清楚地意识到了这些差异。如果他们的父母非常在意"邻居的看法",这些孩子就会开始思考其他人是怎么看待他们的,认为自己需要做出完美的社交表现才能被接受。如果你的家庭在某个社区属于少数群体,或者收入较低,那么记住这一点也很重要:这些恐惧是非常自然的,可能与刻板印象的威胁有关。当人们相互了解以后,刻板印象就会明显减少,因此付出额外的努力去跨越差异、建立联系是值得的。

第一次见面时，人们倾向于根据对方所说的话来做出判断，但很快一些研究表明，在每周见面一次的情况下，几周内人们就更倾向于根据对方做了什么而不是说了什么来进行评判。对于内向或寡言的人，这是个好消息。人类很有辨识能力，最近的研究表明大学生通过一次观察就能看出谁会付出和合作、谁会利用他们。所以，如果你不是那么回避，以至于人们很难了解真实的你，你很可能会做得很好。

需要被喜欢

在某些方面，被人喜欢很重要，也很有意义。如果人们喜欢你，他们将在你需要的时候帮助你，选择与你在一起，和你分享，支持你的目标，等等。想一想，在我们数百万年的进化过程中，这有多么宝贵。是否被人喜欢、接受和重视，这可能是生与死的区别。对于数万年前的人类来说，被厌恶和拒绝肯定是个坏消息。在现在的社会中，这通常不是个生死攸关的问题，但是否被人喜欢对你的生活质量影响很大。另一方面，为了捍卫你所信仰的事物，学着忍受厌恶和拒绝也很重要，你要选择自己真心尊重的朋友，而不需要让每个人都喜欢你。记住，如果你是个内向的人，你可能只需要少数几个朋友，或许在一段时间内拥有一两份深厚友谊就够了。为了找到好朋友，你必须积极主动地接触其他人，在发现你的王子或公主之前，你可能需要亲吻几只青蛙。

被人喜欢的渴望，在日常的人际交往中就会明显地表露出来。结识新朋友时，我们希望他们说"很高兴见到你"，而不是"跟你见面挺愉快，但没什么特别的"。如果邀请朋友到家里吃饭，我们希望他们说"饭菜很美味"，而不是"味道很一般"。

我们做这么多事情，背后是对于接受、重视、认可和喜欢的渴望，因为我们就是这样一个物种。但在努力争取接受和重视的时候，我们必须展示自己并承担风险。并不是每个人都会看重或认可我们——那么当这种情况发生时，我们能应对吗？

有问题的害羞者或社交焦虑者可能会感到进退两难。一方面，他们可能希望得到重视和接纳，希望别人认可他们的贡献。另一方面，充分展示自己，让人们了解他们、选择他们，这样做会让他们感到非常焦虑。毕竟，说出的话或提出的建议可能会招来批评。很棘手，不是吗？想一想你自己的害羞，你是否意识到，有时你会觉得自己有点进退两难，既想成为社交场景中的一分子，又担心自己可能会说错话或做错事，以致招来负面的关注？学习如何处理有问题的害羞或社交焦虑的一部分就是学习如何应对这些风险，并在遇到挫折时勇敢面对。

我们被人喜欢的需要从何而来，进化告诉了我们什么？

我们学到了哪些有助于我们应对风险和挫折的东西？

害羞也是一种力量

从过去到现在，害羞的成功人士和名人不胜枚举。菲利普·津巴多在《害羞心理学》一书中列举了几个例子。

害羞的历史人物及其特征往往通过传记呈现出来，例如多丽丝·科恩斯·古德温的著作《林肯与劲敌幕僚》(*Team of Rivals*)中的亚伯拉罕·林肯。林肯在女人，尤其是他喜欢的女人面前十分害羞（这种特征很常见，因为它涉及最重要的进化目标：繁殖）。随着年龄的增长，他学会了如何接近女人，他也开始与妻子分享更多的想法和感受。林肯的敏感和协作的天性、反思和分析问题的能力、热情、道德和勇气也使得他作为总统，能够在内阁中容纳比他更杰出、更富有、在国家政治方面更有经验的人才。

林肯在竞选期间拒绝批评对手，而更倾向于解决问题，并向美国人民表达自己的心声和智慧。他的政治竞争对手尊重他，愿意在他的内阁中任职，他们与他争论问题，但对他和国家都保持着忠诚和奉献精神。巴拉克·奥巴马在很大程度上模仿了林肯的总统竞选活动,并将其扩展到互联网——一个更广泛的、覆盖了世界上大部分地区的论坛。他似乎具有害羞的领导者的很多特质。

害羞的领导者很可能正是如今的我们迫切需要的那种领导者,越多越好。其他一些(不那么公认的)害羞的名人包括:

- 哈里特·比彻·斯托,《汤姆叔叔的小屋》一书的作者,她的写作激发了人们对奴隶制的义愤
- 克拉拉·巴顿,她创建了美国红十字会,并在南北战争中照顾战场上的伤员
- 托马斯·杰斐逊,他撰写了《独立宣言》,但只在自己的美国总统就职典礼上发表过演讲
- 尤利西斯·S.格兰特,南北战争中的将军,后来的美国总统
- 德比郡的亨利·卡文迪什,世界上最伟大的科学家之一,他感到自己和其他所有人之间隔着一条鸿沟,并把这当作一种缺陷(尽管人们对于他是否患有高功能阿斯伯格综合征尚有一些怀疑)
- 国王乔治六世,在王室丑闻爆发和哥哥爱德华退位后被突然推上王位,成为现代最受爱戴和最称职的国王之一,惊艳了全世界

- 托马斯·爱迪生，放弃莎剧演员的身份，创造了白炽灯和许多其他发明
- 埃莉诺·罗斯福，童年和少女时期都很害羞；是她那一代人中最重要的女性领导人之一
- 西奥多·罗斯福，小时候害羞，患有哮喘，身材矮小，后成为美国总统

人们认为女王伊丽莎白二世和查尔斯王子都很害羞。害羞的戴安娜王妃得到了数亿人的喜爱。我的英国朋友为我列举了另一些害羞的当代英国人：演员罗伯特·帕丁森，青少年时十分害羞；著名演员安东尼·霍普金斯；足球运动员大卫·贝克汉姆；电影《哈利·波特》中的丹尼尔·拉德克利夫。这样的例子不胜枚举。

想想斯蒂芬·弗莱，他的怯场有时让他付出沉重的代价。他曾一度退演，说怯场让他想要自杀。弗莱承认自己患有双相情感障碍。他的例子表明，尽管焦虑引发害羞的情况更为普遍，但害羞也可能由其他情况引发，有时还可能是精神疾病的症状。与同龄人不一样的经历和感受，会让我们感到害羞。弗莱也是同性恋，这不仅会让他感觉自己与众不同，如果被人知道的话，还可能遭受羞辱。他对自己的生活和情感不加隐瞒，表现出了极大的勇气。

我最喜欢的（也是最迷人的）一个害羞者是演员西德

尼·波蒂埃。他是巴哈马群岛一位种植番茄的农场主的儿子，好莱坞最早的黑人领军人物之一，"走起路来带着一种精明人的谨慎，几乎单枪匹马地扭转了好莱坞银幕上流行的非裔美国人角色——负面的'斯特平·费奇特'形象"。他拍了一些关于"艰难的道德选择"的电影，是第一个获得奥斯卡奖项的黑人。波蒂埃将自己描述为害羞的局外人。他说："对此我无能为力，也不想做什么。"我一直觉得，他在民权运动期间的角色选择和表演方式展现出极大的勇气。

这个（不完全的）名单还在继续：阿尔伯特·爱因斯坦、加里森·凯勒、约翰尼·卡森、Lady Gaga（对男人害羞）、西格妮·韦弗、凯拉·奈特莉、杰西卡·辛普森、杰西卡·阿尔巴、约翰尼·德普、亨利·方达、布拉德·皮特、朱莉娅·罗伯茨、赛琳娜·戈麦斯、克里斯汀·斯图尔特、凡妮莎·哈金斯、哈里森·福特、凯文·科斯特纳、布兰登·弗劳尔斯、罗伯特·德尼罗、理查·基尔、米歇尔·菲佛、尼尔·阿姆斯特朗、妮可·基德曼、大卫·莱特曼、鲍勃·迪伦。如果想要了解更多有关名人生活的有趣故事，我推荐你访问勒妮·吉尔伯特的网站。

我认为在当今的世界上，害羞是一种高度进化却被埋没的特质，它本身有助于发展对他人更具慈悲心的关注，是为全世界服务的。如果你害羞，我希望你理解并记住这一点。我们生活在一个人类最优秀的特质已经不合时宜的世界，因为这些特质可能会妨碍公司想让员工去做，以及政客们想让追随者去做的事情——与他们的人类同胞竞争到无视他人、不关心他人的地步，这不是我们的错。正如当前大量研究所表明的，长期（甚至短期）而言，高压力的竞争是不具适应性的，无论你是什么人，无论你在哪里。

注重预防和注重提升的方法

当我们用慈悲的眼光看待行为策略时，例如对评价的关心和社交警惕，这些策略似乎都很正常：采取简单的、注重预防的方法（害羞策略），而不是注重提升的方法（外向型策略）。只要执行上不过于僵硬或极端，任一策略都具备同样的实用性或适应性。知名人格研究者沃尔特·米歇尔认为，注重预防的人希望确保事情不会出错，并且不喜欢犯错。假设你将要接受脑部手术，难道得知你的神经外科医生具有这种性格特征不会让你感到欣喜吗？这种性情的人对于和潜在有害事件相关的线索很敏感，因此行为谨慎、考虑周全，会自发地抑制可能导致负面后果的行为。

注重提升的外向型人一般更加冲动，比较在意自己是否过得愉快，但也同样专注于追求目标，并且雄心勃勃、非常努力。他们只关注他们将要实现或协助实现的伟大成就，而不关注如何防止坏事发生。他们对于和即将来临的奖励相关的线索很敏感。想象一下，你刚刚度过工作压力巨大的一周，想让脑子歇一歇。你想和哪个朋友聚会？

当然，我们大多数人同时采用这两种策略——没有哪一种策略在所有情形下都适用！

自我反思练习：发掘害羞的优势

你知道自己的害羞有哪些优势吗？
_____

你能想到最近哪个时候或哪个场合，你展现出了害羞的某种优势吗？
_____

害羞和竞争

西方社会如此注重竞争力，并赞扬显得坚韧、无畏、果断和自信的行为，以至于人们很容易忽视这样一个事实：容易害羞的、不会以这种方式表现自己的人同样具有其他重要而宝贵的正面特征。例如，自认害羞的人喜欢合作，这在与他人合作越来越重要的全球经济中是一个巨大的优势。害羞的人也可以独立工作，他们通常是好学生并且认真谨慎。在研究生教育中，这类人很有代表性。害羞的人做技术或信息方面的工作可能非常成功，因为在这类工作中思考和细心十分重要。

事实上，害羞的生物学基础的主要研究者杰罗姆·凯根说，他会寻找害羞的研究生来协助研究，因为他可以把需要注意细节并仔细思考结果的含义的项目托付给他们。他们对他人的感受很敏感，倾向于将他人的需求放在首位，有动力去避免愤怒和社交羞辱，并感到与他人有联系。这些是群体性的动机，使协作环境中的协商谈判和深入理解成为可能。

在我们竞争激烈、物欲横流的社会中，明星的形象往往会展现为过于理想化的阿尔法男性——强势、傲慢、无畏而坚韧。女性会将自己与骨瘦如柴的、经过电脑修饰的模特进行比较，认为自己不符合标准，然后，心情低落感到自卑，跟她们一样，害羞的男性也会将自己与媒体上的强势或外向好斗的男性形象进行比较，视其为标准，因而感到自卑，变得更加焦虑并更强烈地感受到被他人评判。

这些乐观、过分自信和咄咄逼人的男性形象在媒体和互联网上泛滥。很久以前的研究表明，孩子们会学习并模仿他们所看到的东西。坚持自己的主导地位往往会导致欺凌和对给其他人造成的影响无动于衷。《美国医学会杂志》上的一份报告显示，12~18岁的青少年中，有将近30%的人报告自己中等程度或频繁地涉入欺凌事件，或作为欺凌者，或作为被欺凌者，或两者兼而有之。这份报告附有长达11页的参考文献，都是过去8年中关于欺凌的学术论文。在英国，高达75%的人报告说，他们在生活中曾一度遭到欺凌。职场欺凌在英国和美国都是司空见惯的现象。儿童和成人都在学着过度地去发展自信和外向的特质，这对于更加敏感和害羞的儿童和成人会造成更大的影响。过度竞争的社会影响我们对待彼此的方式，这又会反过来影响我们在人际关系中感受到的舒适水平，以及我们在多大程度上确信和接受自己的人格特质。

我们可以看到，这些环境（包括我们的媒体环境）破坏我们的信心，增加社交焦虑，这不是我们的错。它们是我们当前的社会结构和文化所特有的外部因素。60年前，人们认为害羞是一种正常的性格特征，没有对它形成负面的刻板印象，事实上这种性格被认为是有价值的。因此，在我们竞争激烈的西方社会中，对自己和他人保持慈悲的关注和立场可能需要付出额外的努力。与那些"自我至上"和相当自恋的规范相反，敏感、尽责、将他人的需求放在第一位，是让人们保持情感连接、功能运作良好和幸福感的黏合剂。现在关于组织的研究文献有充分证据表明，协作、合作的工作团体同时提高了生产率和成员的幸福感。

内向和外向害羞的区别

害羞和内向不是一回事,尽管它们经常一起出现。内向者仅仅是喜欢独处胜过社交活动,但不害怕社交。外向者更喜欢社交,而不是独自活动。尽管大多数害羞的人都有内向的特点,但外向的害羞者也很多,他们私下里害羞,公开场合则开朗友善。尽管外向的害羞者在高度结构化、可预测的情况下能够表现得善于交际,但他们仍然会感到焦虑,并认为别人如果真的了解他们,就不会接受他们。外向的害羞者可能会发现他们难以与他人亲近,因为他们很难去暴露任何他们担心其他人会认为不理想的弱点或特质。事实上,我们都有一些这样的特质和行为。通常,随着人们彼此熟悉起来,我们会告诉对方我们真正的想法和感受,包括分享我们的弱点和短处。想象一下,你有一个最好的朋友或伴侣,你觉得自己不够好,对此满怀恐惧、悲伤、疑虑或担忧,然而你的放松程度一直不足以让你将这些感受表达出来。

在必须共享控制权或与控制权无关的情况下,或者社会期望模棱两可的时候,外向的害羞者也可能陷入挣扎。例如,即使完全能够胜任工作,担任领导角色也可能给他们带来痛苦。他们会害怕其他人产生嫉妒或争强好胜,然后奚落他们或退出。如果人们随意轮流发言,说话很轻松,没有什么规则要遵守,那么外向的害羞者可能会变得局促不安,难以占据主动地位，因此他们会避免像开玩笑或自嘲这样的事情，尽管他们完全有能力这样做。

当害羞成为问题时

与那些大胆的孩子相比，另一些孩子生来自主神经系统就更加活跃（在连续体的两端各占15%~20%）。这会导致他们更加谨慎，在社交场合需要花更多的时间才能感到自信。在婴儿期，他们对响亮声音和新奇事物的反应更强烈。这些儿童的表现有时被精神病学家称为行为抑制，可能与我们之前探讨过的"暂停-检查"现象有关。他们的亲戚也可能认为他们害羞。

如果这些孩子感到被爱，有一个安全的环境，有很多与其他人接触的机会，并得到坚定的指导，要求他们去社交，他们就会变得更加大胆而不是回避。他们的焦虑情绪可以平复下来，并且他们逐渐能够应对轻微的害羞和焦虑。然而，焦虑的孩子如果有焦虑的父母，则会产生更多问题。为了避免孩子感到焦虑或害羞，父母会鼓励他们回避。"我知道参加莎莉的聚会让你感到焦虑，所以你不必去。你可以和我待在这里。"对害羞儿童的很多治疗往往需要与他们的父母合作，让孩子学会如何应对自己的感受，而不是逃避这些感受和触发它们的情况。所以，如果父母过度保护和控制，不帮助他们害羞的子女完成那个年龄段的孩子理应完成的社交任务（例如与其他孩子社交和参加学校活动），害羞的孩子也会因此遭遇困难，他们的害羞可能会加剧甚至成为一个问题。

害羞的孩子往往会同情他人，对他人很敏感，因此死亡或离婚带来的丧失，可能会给害羞的孩子带来多方面的痛苦，并且他们受到的影响往往比其他儿童更严重。他们对他人的感受非常敏感，所以除了他们自己的痛苦和悲伤之外，父母的痛苦、愤怒和悲伤对他们来说可能特别难以忍受。他们也喜欢稳定，比如经常搬家对孩子来说就会很有挑战性，因为孩子必须一次又一次地结交新朋友。我曾听极度害羞的来访者讲述令人心碎的孤独的故事，这些故事与失去父母以及频繁的搬家有关。另一些人说，尽管很难，但他们学会了主动寻求友谊。他们往往一次只结交一个朋友，并且在搬家后仍然保持着友谊。

考虑到早期养育经历的重要性，研究人员报告说，无法预测任何特定的婴儿是否会成长为害羞的成年人。因此基因并不是害羞的唯一决定因素。此外，如果在艰难的或创伤性的环境中长大，例如家庭环境混乱或者存在身体虐待或言语虐待，即使遗传上不敏感的、天性大胆自信的孩子，也可能变得非常害羞。

虽然焦虑的父母（出于爱的原因）可能过度保护孩子，

阻碍他们学习如何处理自己的情绪，但害羞的孩子也会遇到相反的问题——缺乏保护甚至被过度威胁。如果父母、兄弟姐妹或老师严厉苛刻，或者不接受孩子天生的性情，如果学校允许欺凌，或者家长使用羞辱手段来激励孩子，这些都会对害羞的孩子产生负面影响（实际上是所有孩子）。然而，害羞的孩子很少自卫或寻求帮助，他们受到的影响可能尤其严重。

受到批评、欺凌、虐待、忽视或拒绝的儿童可能会转而批评自己，试图做到完美，以避免受到他人的批评或严厉对待。他们可能会为并非他们的过错引起的事件或情形而自责，感到自卑和羞愧。有一项研究显示了这一过程是如何发生的。研究人员让一组学生与讲师交谈，同时进行录像。其中一些学生有社交焦虑，另一些学生没有。研究人员指示讲师打破会话规则（学生们对此不知情），例如在其他人说话时插嘴、改变话题，甚至表现得非常粗鲁。随后让学生们观看录像，并询问他们对讲师打断谈话有何看法。社交焦虑的学生把谈话中的问题归咎于自己，说讲师之所以做出这样的反应，是因为他们让他感到厌烦。没有社交焦虑的学生则认为是讲师的错。

我自己的研究表明，感到恐惧的害羞大学生在离开他们认为不太顺利的社交场合后，会责备自己并感到羞耻。了解自己内心的想法和感受，会强化这种倾向，这是可以理解的，因为如果有自我意识，我们就知道自己的感受。这种自我意识通常是一种优势，因为在平时情绪平静的状态下，有自我意识的人可以很好地判断其他人会做出什么样的反应。然而，在消极的情绪状态下，强烈的自我意识可能会导致我们感觉受到威胁。如果我们认为别人在评判我们，那么我们也许就不会注意到他们可能也感到害羞、局促或尴尬。

我们将害羞的高中生分成三组进行研究，那些自责的学生更容易社交焦虑，回避社交互动。三组青少年的智力都高于平均水平，在学业和社会机遇方面具有明显优势。然而，值得注意的是，再次尝试的意愿——比如尝试接近某人、发起对话或邀请某人到家里做客——与更低的焦虑和痛苦水平有关。

我们中的任何人都可能变成有问题的害羞者和社交焦虑者，特别是当我们为消极或不完美的社交结果承担过多责任的时候。但是如果我们知道，我们可以相信自己，再次尝试，痛苦就会减轻。再次尝试是社交适能训练的一部分。对于网球职业选手，完美无缺的发球或反手击球是不存在的。棒球运动员被三振出局的次数超过他们打出一垒安打的次数。让我们减轻痛苦的另一种方式是自我安慰和自我支持。我们甚至可以学着做自己的好父母和良师益友。我们将在后面的章节中讨论这个内容。

> **自我反思练习：开始理解你的害羞**
>
> 你认为自己属于内向害羞还是外向害羞？你认为它们各自的优势和弱点是什么？
>
> _____
>
> 儿童时期的哪些积极和/或消极经历减轻或加剧了你的害羞问题？
>
> _____
>
> 举出一个你在社交场合"再次尝试"的例子。
>
> _____

极度害羞的后果

正如我们所看到的，害羞与各种积极的特质有关，它使我们能够保持社交敏感、谨慎小心、体贴周到。然而，任何积极的特质，如果发展得太过分，都有可能出问题。害羞也可能太容易被触发、过于强烈、持续时间过长或发生得过于频繁。它可以开始控制我们的生活，例如让我们回避自己真正想做的事情。一开始是一种敏感、谨慎的特质，到后来可能会变得非常无助。我们可能会过分担心被批评或拒绝，因而无法参与到社会生活中，变得悲伤和孤独。

当我们对自己的动机和价值观有更明确的认识，并且对于避免社交和避免与人亲近所导致的后果有更深刻的理解时，我们就能发展出洞察力，以及积极参与和享受人际关系的能力。此外，我们可以继续为能够促进长期改变的特定情况制定具体的社交目标。例如，我们可以请某人去看一部关于我们在生活中珍视的事物的电影，然后再讨论这部电影。分享和学习我们所关心的事物，会让我们变得更亲密。

在我的社交适能训练临床小组中，我邀请参与者探讨三个相互影响并形成害羞体验的恶性循环的过程：

- 恐惧-逃离
- 自责-羞耻
- 怨恨-责怪他人

进入一个具有挑战性且似乎有威胁的社交场合时，我们可能会产生一些消极预期的想法，比如，"我想不出任何话题""这会是一场灾难"。这些想法在这个场合中可能被争议或挑战（我们很可能想出一些话来说……在我们在这个房间里尖叫出来之前！）。这是第一个恶性循环：接近-恐惧-消极预期的循环。但是，如果我们是习惯性害羞者，为了避免批评，我们往往倾向于完美主义，极少对自己的社交表现感

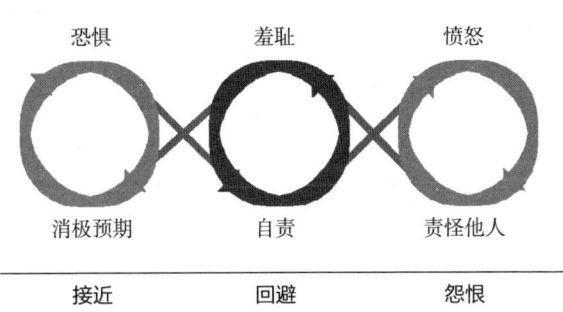

图 1.1 害羞体验的三个恶性循环

经害羞研究所许可转载。

到满意,即使我们的行为合乎标准(甚至可以作为典范)。

我们可能会提前离开这个场合,这就会导致第二个恶性循环:回避-羞耻-自责循环。离开这个场合后,我们的恐惧就会减少,羞耻感就会产生。羞耻感与副交感神经系统有关,因此它几乎可以作为放松反应发挥作用。"呼!我干不来这个,我没必要这么做,我要离开这里!"逃离困境实际上会加剧社交焦虑,下一次遇到充满挑战的场合,我们更可能早早离开,或者压根就不去。在害羞诊所,我们称之为"去自己的房间吮吸大拇指"或"舔我们的伤口"。我们使用黑色幽默来帮助人们理解令人痛苦的羞耻状态,在这种情况下,自责会让人衰弱无力。在让自己达到日常社交生活的期望时，我们不必立即"走出去"，但是我们可以感到悲伤，经历羞耻，并产生这样的想法："我不够好，我从来都不够好，永远都不会胜任。"当然，这些想法不能激励我们站起来回到那里。处于这种状态时，我们对自己不友善、不温和也不体谅。

这将我们带入第三个恶性循环：怨恨-愤怒-责怪他人。我们在那里坐了一段时间，感觉自己糟透了；我们责备自己，反复思考所有那些事情，觉得我们应该采取不同做法去处理它们，觉得其他人比我们更加轻松自在、更加有能力（这是一种夸大，50%~60%的人都是害羞的，就像我们之前提到的那样）。然后这样的想法出现了：

- "嗯，迈克尔或艾莉森可能会过来和我说话。他们应该成为我的朋友。我是在课堂上/工作中/学校里认识他们的。"
- "人们当然不会表现出友好的态度。"
- "反正他们可能不在乎或不会在乎我的感受。"

这些想法可能会暂时减轻我们的羞耻感，因为它们会激起愤怒，让我们感觉更强大。然而，我们并不真正知道别人是什么反应，现在，我们不仅感到与自己疏远，也感到与他人疏远了。正如我们将在下一章详细讨论的，这些想法是自动化的威胁思维和感受，是通过进化内置的，不是我们的错，所以我们要学习如何应对它们。

我们往往会在这些恶性循环之间来回绕圈，无休止地重复这个过程，每一次都把自己逼得更疯狂一点。正如我们前面提到的，不断地自责会导致难以改变的负面自我概念。好消息是，治疗能够显著减少有问题的害羞、恐惧、自责和羞耻，以及对他人的负面想法。害羞小组的参与者在结束后的问卷调查中告诉我们，为期6个月的小组活动改变了他们的哪些信念。最常见的情况是：当他们通过角色扮演在某个具体情境中进行实践以后；当他们练习如何应对批评，如何让自己在会议间歇直面具有挑战性的场合以后；当他们花时间简单而持续地练习挑战自己的消极信念，并用更多的自我支持和接纳的信念来代替前者以后——他们改变了自己的信念。在进入实战之前，参与者可以通过努力和实践，将社交场合重新评估为具有挑战性和可行性。然而，一些参与者仍在努力调节自己的情绪和真正去感受他们的自我支持。我开始明白，在我们像自己所想的那样学习忍耐恐惧、羞耻和愤怒，并参与社交的时候，我们并没有真正地直接专注于冷静或安抚自己。这就是本书的主旨：我们在挑战自己的时候，也要学着对自己慈悲。

我们对自责和羞耻的研究结果与早期关于归因风格的研究是一致的。简单地说，归因风格就是一个人在特定的情形下如何分配责任。早期的研究人员发现了他们称之为自我服务偏差的证据。通常，一个人会利用自我服务偏差来把失败的责任分配给外部的、具体的、不稳定的和可控的因素。其逻辑是这样的：如果事情出了差错，那不是我的错，而是由于我自己以外的原因（外部归因）。即使我确实导致了一些错误或失败，我的错误也仅限于这种情况，在其他情况下不一定会发生。因此，错误不太可能再次发生，并且我可以解决问题（情况是可控的）。

你可以看到，在西方的竞争性文化中，当我们需要在失败面前保持动力时，这种思维方式是多么有用。因为现代文化的复杂性，频繁的失败在意料之中，我们需要马上重新开始。然而，现在的研究和我们的直觉告诉我们，过分的自我服务会让其他人感到厌烦。以指责他人的形式将责任推向外部，会损害人际关系。

自我服务偏差在西方文化中比在东方文化中更常见，在男性中也比在女性中更常见。害羞的人倾向于在社交场合反转这种偏差（但在非社交场合不一定如此），将失败归因于内部的、总体的、稳定的和不可控的因素。

我们认为，令人失望的对话、约会或工作会议是我们做了什么或说了什么而导致的，并且这样的事情也会在其他场合发生。无论我们做了什么还是没有做什么，我们都会重蹈覆辙，而无法将事情导向正轨或改变我们的行为。我的研究也显示出自责的倾向。

如果经常自责，我们就很容易受到对自己以及自身行为的负面偏见的影响。我们会开始围绕着极其精细的负面信念来组织全部或大部分关于我们自身的信息。意识到内心的想法和感受会让我们更加坚持这些信念，因为我们会在脑海中一次又一次地重复我们自以为的失败。我们不太可能吸收和处理与这些负面信念不一致的信息，并且经常完全否定积极的信息。关于我们自己的积极信息，对于维持和发展我们的自尊和动机是必不可少的，然而它们可能实际上并没有被吸收，或者即使吸收了，也没能保留下来。与非社交焦虑者相比，害羞的人能更准确地感知负面反馈。我们不仅低估正面反馈，还会在获得正面反馈时感到不舒服。

作为人类，我们所有人都很容易受到这种思维的影响。我们生来如此。如果不能持续得到真诚的承认和建设性反馈，并且难以摆脱情绪的影响，我们就会特别脆弱。回想一下上次，你在向一个朋友介绍另一个朋友时忘记了他的名字。也许你有点紧张。现在想象一下你介绍的那个人笑着说"没事儿，我也很难记住名字。嗨，我是简"，或者"我上周在一次聚会上忘记了我最好的朋友的名字。我是简"。

现在想象一下，简看起来有点茫然，没有主动说出她的名字或友好地回答。也许简也有点紧张。也许此时你的另一个朋友微笑着说："嗨，我是安德鲁。你叫什么名字？"也许安德鲁伸出了手。不管怎样，你明白了，每个人都在支持和帮助彼此，这样的感觉有多好。

当我们得不到这种帮助时——谢天谢地，大多数时候我们都得到了——这会让我们很容易产生这样的想法："哦，天哪，我看起来像个白痴，他们刚告诉我他们的名字。我永远记不住别人的名字！"

如果我们总是感到害羞，情况可能会变得更糟："我想和这个人交朋友。他们可能觉得我是个失败者，不想成为我的朋友。其他人不会这么紧张。"

退后一步，记住每个人都会时不时地掉链子，没有人会对此想太多——这样做可能是一个挑战。经常用"白痴"和"失败者"之类的词来形容自己，表明我们正在应对一些根深蒂固的对自己的负面看法。我们想在童年或青少年时期发现有问题的害羞，原因之一是为了阻止我们称之为基于羞耻的自我概念的发展，这种自我概念意味着我们认定自己具有个人缺陷。

与威胁有关的自我信念可以变得极其精细和容易获取，因而改变它们需要时间和持续的实践。由于对自身的思考与我们对威胁的反应密切相关，我们本身就很容易获得负面的自我信念。悲伤的情绪会让我们更容易产生关于我们自己的负面记忆和想法，从而增强该模式。

当我在斯坦福做访问学者，进行研究和临床工作时，与不害羞的学生相比，害羞的斯坦福学生会产生更多关于他人的无意识威胁想法。这些想法包括："当人们看到我的不适时，他们会感到优越""当我感到不适时，人们不会认同我""如果我让他们接近我，他们会拒绝并伤害我的感情"。此外，在对这些想法进行测量时，害羞诊所来访者的得分明显高于害羞的学生。这些发现表明，习惯性害羞者和社交焦虑症患者更难信任别人，因为他们认为别人是挑剔的、居高临下的。

恐惧和羞耻与极度敏感有关

害羞者会感到恐惧和羞耻，大多是因为他们可以敏锐地注意并意识到他们在其他人心目中的存在方式（即别人是怎么看待他们的）。害羞的人很容易认为自己给他人的印象很糟糕；他们觉得人们可以看到他们的焦虑或注意到他们的脸红，并认为他们缺乏信心，即使他们的实际表现通常不会受到影响。对于习惯性害羞者来说，害怕被积极关注、被赞扬，甚至被认为有吸引力，这样的情况并不罕见。他们感觉人们会因此对他们提出进一步的要求，担心人们一旦更了解他们，就会感到失望。恐惧也可能来自观察者会看到他们缺乏信心，以及对于成为关注中心的矛盾心理。如果观察者指出他们焦虑的身体表现，例如声音颤抖或脸红，害羞者会感觉更糟,并感到愤怒。他们也会羡慕那些看起来不害羞的同事。因此,为了打破这些循环,我们要在每一个方面做工作。

我们将致力于:

- 用心地注意、监控并认识我们的想法是如何使我们更加焦虑的,尤其是我们可能会做出的关于其他人的假设,和/或我们对自己的消极的、自我批评的想法。
- 学会让我们的想法、注意力和感受朝自我支持的方向发展。
- 关注我们的目标和实现目标的步骤。
- 定期练习以自我接纳的精神和真诚的愿望来帮助自己克服害羞(而不是因害羞而生气或感到羞耻)。

为什么我们把这个工作称为社交适能训练?每个人都需要掌握自己的性情,无论我们是否健谈、开朗、矜持、精力充沛,等等。同样地,我们结交朋友、过有意义的生活、寻找伴侣、照顾孩子的办法也各有不同。社交适能是一种进化隐喻,指的是调整我们的行为、思想和情绪,以帮助我们在任何环境中生存和发展。社交适能有助于我们满足情感联系的需求,并在应对生活环境时坚持自己。像身体适能一样,社交适能也需要"锻炼",最好是每天锻炼。一个月锻炼一次不足以保持身体适能,一个月一次的社交"锻炼"也不能让我们保持社交适能。作为社交"运动员",我们有很多情况需要练习,很多社交运动可以做。网球运动员和高尔夫球手的身体适能都很好,但他们在运动时使用完全不同的技巧和动作。不同的运动需要不同的技巧和动作,社交适能也是如此。社交适能包括结识新朋友、与团体和社区建立联系、培养和维护友谊,以及发展与伴侣的亲密关系。

在本书中(以及在我们的生活中),我们不会认为害羞是一种需要"治愈"的"疾病",而是把它当作一种性格特点,像其他任何性格特点一样,有其优点及挑战性。在感到害羞的情况下,训练我们的心智,使其变得友善和支持,可以帮助我们以自己的方式和节奏发展这些技能,培养自信心。

自我反思练习:识别害羞的想法和感觉

在一次没有像你希望的那样顺利的社交之后,你会对自己说什么?

_____

如果你有自责的想法,你可以用哪些令人鼓舞和善待

> 自己的想法来代替它？你注意到它们带来的不同感觉了吗？
>
> ---
>
> 你注意到自己责怪别人了吗？你心里是怎么看待别人的？
>
> ---
>
> 在心里怎么看待别人，你才能姑且相信他们，并且更愿意花时间去多了解他们？
>
> ---

我们所学到的

在本章中，我们开始探索我们如何体验害羞，以及如何对待它。

- 我们知道害羞的程度变化范围很大，可以从不造成问题的普通害羞一直到令人痛苦甚至衰弱无力的极端害羞。
- 害羞有很多优点，对人际关系、工作场所和社会都有很大帮助。事实上,历史上许多杰出的领导者都很害羞,许多媒体名人也很害羞。
- 害羞有三个恶性循环:接近-恐惧-消极预期,回避-羞耻-自责,怨恨-愤怒-责怪他人。社交适能训练可以显著减少恐惧、羞耻、自责、愤怒和责怪他人的情况。
- 用慈悲的方法处理害羞,可以极大地帮助我们克服有问题的害羞和随之而来的痛苦情绪。

自我反思练习:经历、想法和慈悲

我们的经历塑造了我们。我是被以下经历所塑造的:

_____

我们可以改变对自己和他人的负面想法。我想改变的一个想法是:

_____

慈悲是有帮助的。我可以怎样使用自我慈悲来减少害羞:

_____

第二章

神经科学与大脑情绪调节系统

在第一章中我们了解到，我们的基本激情、社会动机、情绪和行为都是进化和我们的生活经历共同作用的结果。因此，与害羞有关的问题不是你的错。

承担责任

我们的大脑被设计为在特定的环境中会感到焦虑。有些人很容易感到令他们不适的害羞或社交焦虑。然而，强烈的焦虑体验不一定要成为什么都不做的理由，尤其是在它妨碍了你想做的事情时。事实上，你可以有完全相反的体验。意识到你的大脑可能对促使你感到害羞的情况很敏感，这可能是一种行动号召。当然，对于许多我们个人的敏感性来说，这是正确的。如果你的身体很容易发胖，那不是你的错，但为了保持健康，你要学会注意饮食和锻炼。

这并不意味着你需要让敏感或害羞的性格变得大胆，你也无须让自己成为"派对核心"。我们都尝试过与这种社交场上的活跃人物交谈，结果发现他唯一的沟通方式就是开玩笑！关键是，你要觉得自己能够做你真正想做的事、真正关心的事。

我和习惯性害羞的人一起工作了很多年，他们教会了我这一点：通过致力于解决有问题的害羞，他们就能在练习过的场合中减少害羞，拥有更好的自我感觉，更加投入地生活，在社交场合更有效率。同样，我们不能因为焦虑而责怪自己，但是我们可以承担责任，发挥出我们的大脑和我们自己最好的一面。如第一章所述，放弃自责的同时，我们也解放了自己，从而可以更轻松地面对困难和挑战。害羞诊所的来访者甚至在他们自责的时候都表现出极大的勇气，而放弃自责本身就是一种勇敢的表现。更强大的是在面对困难时放弃自责，这让我们在疗愈和成长的过程中感到更自由，与自身联系更紧密。

然后，在与他人交往，面对被重视和被接受的挑战时，我们可以向他们展示我们是什么样的人、我们可以做什么，并且在这个过程中我们可以处理好一定程度的焦虑。我们也可以与他人协商，以获得关注、支持或资源，并且能够意识到别人何时在与我们协商（因为在感到社交焦虑和不安全的时候，我们不一定会想到别人是在和我们进行协商）。毕竟，除非人们对我们有所了解，否则他们怎么会选择我们作为朋友或邀请我们加入一个群体呢？当他们真正了解我们时，我们就可以利用害羞的优势，包括合作倾向，以及合作而非竞争的愿望。

此外，在正常做事的过程中，我们可能会与他人发生冲突。当我们开始展示自己和我们的价值观时，我们就会发现并不是每个人都有跟我们同样的价值观。你建议下跳棋，但别人想下国际象棋；你想去看电影，但其他人想玩电脑游戏或待在家里看电视；你想和朋友一起做数学作业，但他们想去参加聚会。所以，在这些情况下，你既需要稍微展示自己，让人们了解你、提供建议并分享你的兴趣和价值观，也需要能够偶尔应对一两次冲突。这些情况可能会引发焦虑。社交焦虑者或有问题的害羞者可能会与之斗争，因此更多地避免引起注意，等待被选中或接纳。

三种情绪调节系统

极度害羞的时候，我们可能会两面下注，倾向做出风险较小的选择，有所保留。在"热身"的时候有所保留是可以的，正如我们在第一章中讨论的，这可以是一种注重预防

（而不是注重提升）的形式。但是，如果我们过多地两面下注，有所保留，以至于不能主动在生活中结交朋友或参加活动，那么受损的就是我们的生活质量。然而，当我们真心想要加入其中的时候，我们却选择不参与。这是为什么？在某种程度上，这是因为在特定的情况下，不同的情绪调节系统在控制我们的心智，指导我们的行为。

我们将详细探讨这些情绪调节系统，因为这会帮助我们了解如何通过学会善待自己来自助，尤其是当事情不像我们希望的那样发展时。

到目前为止，在本书中，我们已经表明焦虑与威胁感和自我保护的尝试有关。的确，发现威胁并保护自己对所有生物都至关重要。害羞和社交焦虑与威胁感有关，因为它对我们的生存至关重要。然而，威胁系统并不总是掌管一切，它可以通过我们的舒缓系统被调节。

基于过去几年的大量研究，特别是关于我们的大脑如何处理信息的研究，我们现在知道至少有三种情绪调节系统影响着我们的心智，并指导我们的想法和行为。保罗·吉尔伯特在《慈悲之心》一书中对此有详细论述，所以我在这里谈及它们，以便帮助你理解为什么在应对和处理令人痛苦的害羞和社交焦虑时，慈悲和善良很重要。这三个系统是：

1. 威胁保护系统，它帮助我们"发现、追踪和应对"看似危险的情况。当这个系统被激活后，典型的情绪是焦虑、愤怒或厌恶。
2. 激活和资源寻求系统，它刺激和引导我们的欲望，帮助我们追求目标。这是我们的动力或者"加油"系统。当我们想要某样东西时，我们感到有动力并期待快乐。如果得到奖励或者取得成就，我们会很兴奋。当这个系统过于压抑时，我们可能会失去动力、能量和活力。
3. 舒缓系统，它与"满足、平和、安全和幸福"的积极感觉有关。当动物不需要应对威胁并感到满足时，它们就会变得平静和放松（想想狗或猫是如何平静地入睡的）。舒缓系统启动后，就可以调节另外两个系统。

这些系统不断地相互作用，产生"精神状态"。你可以在下图中看到它们的交互过程。

在现实中，所有这些系统是不断地相互作用的，因此将它们划分为独立的系统有点人为的意味，但是这样做非常有助于我们进行解释。我们对舒缓系统尤其感兴趣。我们将看到各种情况是如何刺激我们的威胁系统的——包括我们对自己的想法。然而，研究已经证明，舒缓系统可以调节威胁反应。舒缓系统与接收善意、关心和支持的信号有密切联系。

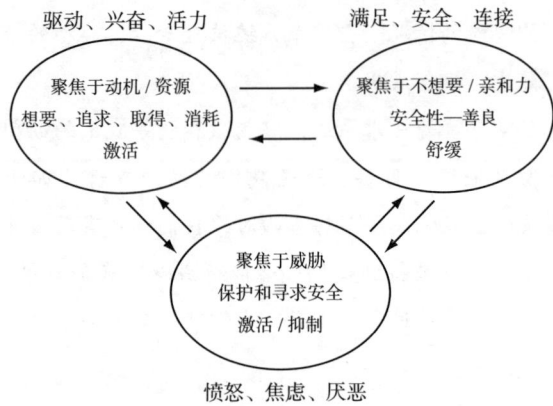

图 2.1 三种主要情绪调节系统之间的相互作用

来源于 *The Compassionate Mind* by Paul Gilbert(2009), reprinted with permission from Little, Brown Book Group

重要的是，它与依恋系统相关联。有一个熟悉的例子可以说明其他人的善意和温情如何安抚威胁系统：如果我们小时候感到苦恼，我们会去找父母，让他们给我们安慰，也许一个拥抱就能让我们的痛苦减轻。由于舒缓系统和其他系统相互作用的方式，各种形式的善意都具有舒缓的性质。威胁系统对威胁很敏感，会激发愤怒、焦虑等，而舒缓系统是对他人的善意敏感，可以帮助你的威胁系统安定下来。

自我反思练习：注意威胁系统是如何运作的

回想最近一次你的威胁系统被激活的时候：

_____

什么情况触发了你的威胁系统？

_____

什么样的情况、想法、经历或记忆可能会触发它？

_____

以 1~10 分来衡量，这种体验通常有多强烈？

_____

什么样的威胁情绪会被触发（愤怒、焦虑）？

_____

被触发时，你想要做出什么行为（战斗、逃跑、回避、顺从）？

_____

当该系统被触发时，你的新脑[①]能力（思考、担忧、想象）会受到什么影响？你有什么样的想法？

_____

---

① 新脑（new brain），即大脑皮质，是最后进化出来的大脑部位。——译者注

善良的重要性

他人给予我们的善意有助于刺激这个舒缓系统。这是很容易证明的。想象一下，你正在努力应对某件事，而你有一个非常能干、善于发现错误，同时也很严苛的伙伴或老师。如果你向他寻求帮助，他可能会帮助你，但他的非语言信息和他说的一些话会流露出他认为你的错误是轻率或愚蠢的。你跟他在一起时很可能是小心翼翼的，虽然他可能会对你很有帮助，但向他求助会让你感到焦虑。

相反，想想那些乐于帮助你的父母或老师。你觉得他们真的理解你的困难；他们指出你的长处，告诉你如何在此基础上提高自己，如何寻找和纠正潜在的错误，并鼓励你进一步探索这个问题，如果需要更多帮助，你可以带着这个问题再回来找他们。简而言之，这样的父母或老师对你很友善。

现在想象一下，某件事让你非常沮丧。你去找一个朋友，他听你说了一会儿，然后切换话题谈起他自己的问题。他不算冷漠，但也不算友善。将这个朋友与一个会认真倾听你说的话、认可你的感受、用手臂搂着你、对你表示真诚的关心和兴趣的朋友进行比较。这两种情况分别让你有什么样的感觉？ 你很可能觉得第二个朋友更友善、更关注你，你可能感觉更好。

这是如此显而易见，你可能会惊讶于我还要专门指出这一点。但事实是，善意确实会影响我们的大脑——它确实会影响我们对自己和他人的感觉，它确实安抚了我们的威胁系统。

自我友善

显然，善意会刺激我们的大脑系统，帮助调节威胁系统，那么自我友善呢？事实证明，对自我友善的研究显示出相同的模式。如果我们感到失望或犯了错误，于是自我批评并生自己的气，这样只会刺激威胁系统更多的运作。相反，如果我们是友善和支持的，并且练习在面临困难时专注于我们自身的那些元素，这就会刺激我们的舒缓系统。

同样，这也不难证明。吉尔伯特提供了一些有用的例子来帮助你理解这一点。如果你饿了，看到一顿美味的饭菜，这会刺激你的唾液和胃酸分泌。然而，如果是在深夜里，你没有钱，商店也关门了，你只要幻想一顿美餐，你内心的想法和画面也能产生同样的效果：刺激胃酸和唾液分泌。如果你在电视节目中看到色情内容，这可能会刺激你的垂体激素分泌，当其被释放到体内时，就会导致性唤起。当然，同样地，我们知道我们自己的幻想也能起到同样的作用。我们的想象可以刺激特定的大脑通路，从而以特定的方式刺激我们的身体。

我们脑子里想的东西——我们考虑的和反复思考的事情、我们的幻想、刺激大脑的精神状态——都处于我们的影响之下，了解了这一点，我们就更有动力去理解并温和地帮助自己调节情绪。

基于同样的原则，想想如果有人对你冷漠苛刻，你的大脑中会发生什么。这种情况会刺激你的威胁系统，产生焦虑和愤怒。我们也确定了，你可以对自己做同样的事情。你可以想象其他人对你不友善，也可以用吹毛求疵、令人不快的方式对待自己。

最近的研究表明，对自己吹毛求疵会刺激与发现错误和抑制行为有关的脑区。你在想什么，以及你怎么对待自己，会直接影响这三个系统的平衡。

所以，你可以看到发展自我友善和慈悲的价值。学会切换到那些图像、想法和感觉，你就能刺激帮助你的脑区，而不是引发焦虑的脑区。这就像是你自己的脑海里创造了一个朋友，而不是一个坏脾气的批评家。

情绪的害羞模式

对于不同的人，这些情绪系统的模式和平衡略有不同。当我们变得社交焦虑时，系统之间的平衡就会发生变化，威胁系统变得更加活跃。我们感到害怕和焦虑，如果我们被孤立，我们就会变得悲伤，这将进一步改变平衡，产生更多的威胁感：焦虑、愤怒、怨恨和易怒、羞耻、悲观、失去动机和活力、绝望等，而满足感、安宁感和连接感则会减少。

现在，画一张你自己的三个系统的图，每个圆圈的大小表示你所体验到的威胁、动力和安全性对于你近期生活经历的影响强度。

你所画的图如何反映你的近期经历？

你注意到你的三个系统之间有什么相互作用吗？

你从练习中学到了什么你想记住的？

当我们理解了大脑中的这些运作过程，我们就能学会如何退一步并恢复平衡。类似于社交适能，以慈悲的方式重新平衡大脑系统是一种对心智的理疗。我们可以学习和实践慈悲的状态，让大脑系统恢复平衡。我们在这样做的时候可以向其他人寻求帮助。我们可以努力影响自己的行为、想法和感受。运动、饮食和药物也有帮助，但不是本书的重点。我们将在后面的章节中对一些练习进行讨论和演练，这些练习是被设计来与健康的生活方式共同发挥作用的。

威胁系统虽然具有适应性，但也可能失控，给我们造成困难甚至心理健康问题。如果我们太容易被触发或者情绪太强烈，就很难保持系统的平衡。我们的旧脑产生情绪失衡、恐惧和焦虑，而理性的新脑则表示聚会或约会真的没有那么危险，两者之间便会发生冲突。我们练习得越多，感觉就会越好，但旧脑模式仍然坚持认为情况确实很危险。我们可能忘记了这些是我们旧脑模式的一部分，因此试图抑制或控制我们的想法和感受，或者通过自责来迫使自己就范。当我们为社交焦虑和脆弱感到羞耻时，我们试图控制和对抗这种感觉，而不是接纳它们，试着去理解它们，安抚自己并与它们协作。

如果我们感到害羞，那么在进入一个除了女主人我们谁也不认识的聚会时，我们的威胁系统会自动激活，社交焦虑会突然升级，即使我们在理性上知道自己有能力走向某人并开始交谈。我们也知道，人们等着严厉批判我们的可能性非常小，但唤醒状态仍然会持续存在。接下来我们会发现，无须意志参与，我们的腿会把我们带到女主人身边，帮她传递盘子里的食物，这样一来我们就能避免跟任何人交谈。或者，我们可能会发现自己被吸引到自助餐桌后面的某个地方，在那儿人们很难和我们交谈。如果有人走近，我们可能会转身朝着另一边，似乎完全被一盘烤牛肉吸引了。也许我们会出汗,感到发抖,心跳加快。威胁-保护系统的激活发生得太快,除了"我看起来很蠢"这种与威胁有关的想法,我们什么都没想。我们试图与背景融为一体,不做任何会引起尴尬的事情。

自我反思练习:一边想象自己在派对上感到焦虑,一边审视自己

现在把注意力放在你的情绪和动机上。问自己:现在我感受到多大的威胁?我是否感到愤怒、恐惧、焦虑、忧虑或厌恶?然后问自己感受到多大的动力:我是否感到渴望、兴奋或想要追求某个目标?然后问自己感受到多大的安全感:我感到安宁、平静、安全和满足吗?
在下面这个由科尔茨等人开发的量表中对这些感觉进行评分。

我现在感受到多大的威胁?

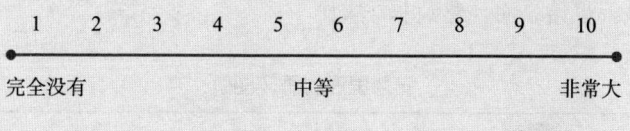

我现在感受到多大的动力?

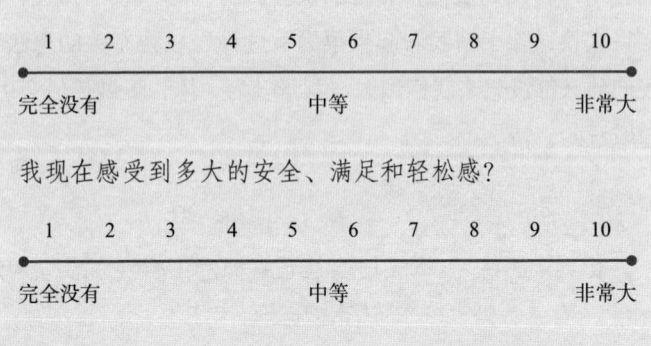

这是我实践中的一个例子：安德里亚快30岁了，从中学开始一直很害羞、逃避社交。她现在致力于在为单身人士安排的"聚会"上与人闲谈。她在简短交谈中取得了一些成功，正计划在社交活动中进行更长时间的谈话，告诉人们更多关于她自己和她的兴趣爱好的事情，比如骑自行车和上瑜伽课。该去参加社交活动的时候，她改变了主意。如果我不知道该说什么呢？如果我保持沉默、一言不发会怎样？我会显得很傻，而且感到非常尴尬。

安德里亚的循环图解

新脑	新脑	新脑
"要是我想不出该说什么，看起来很蠢呢？"	"人们会看出我很焦虑。"	"也许我还是不去社交的好。"

(续表)

旧脑	旧脑	旧脑
心跳加速、肌肉紧张、焦虑、悲伤	恐惧、焦虑	焦虑

另一个例子：宝拉来自美国，在苏格兰上大学一年级。她是一个好学生，常常追求完美，花很长时间独自学习。她的苏格兰室友争强好胜，对外国学生恶语中伤，也不邀请她一起参加社交活动或去酒吧。宝拉跟其他人在一起时变得焦虑，虽然想交朋友，但她担心对方会表现得傲慢和刻薄。她开始反复思考社交互动，总体来说，她的社交焦虑一直在加重。

宝拉的循环图解

新脑	新脑	新脑
"也许每个苏格兰人都很挑剔、心胸狭窄。"	"也许我最好不要去参加新生聚会。"	"如果他们不喜欢我，就没有人会喜欢我了。"

旧脑	旧脑	旧脑
心跳加速、肌肉紧张、焦虑、悲伤	恐惧、焦虑	焦虑

你自己的例子又如何呢？也许你在去参加工作面试的时候仔细地做了准备，研究了这家公司以及这份工作的活动和职责要求，反复演练了如何陈述自身资历。你制订了一份面试官可能会问的问题清单，乘电梯的时候在脑海里仔细检查

自己的回答……突然之间，你的大脑变得一片空白。你的焦虑水平陡然上升，感到口干舌燥。突如其来的恐慌使你想要取消面试。这个例子表明了社交焦虑产生的速度能有多快，看起来有多么地势不可当（但正如我们将要讨论的那样，事实并非如此！）。

工作记录表：我的思维循环

（承蒙 Irons and Beaumont 提供，2017）

你可能会发现，思考自己所经历的"思维循环"是有帮助的。看看你能否概括出一个具体的思维循环。想一想，最近一次触发你的思维循环的情境是什么，你可以像安德里亚和宝拉的例子一样，对新脑能力（思考、担忧、想象）和旧脑情绪或行为（焦虑、逃避、愤怒、怨恨）之间的循环进行总结。

新脑能力	旧脑能力
（担忧、反复思虑、自我批评）	（情绪、防御行为）

关于新脑和旧脑能力之间的循环，你学到了什么？

_____

> 你多久经历一次这样的循环？
>
> 这些循环是如何影响你的信心、幸福或情绪的？

反复思虑，沉溺，忧思

我们相对较新的、具有自我意识的大脑在反复思虑和担心威胁和羞辱时处于鼎盛时期，并且在想出可怕的、灾难性的后果上有着惊人的创造力。这就是威胁系统的工作原理——总是做最坏的打算。然而，这就是它们被设计出来的目的。"谨慎总比后悔好"，我们说。

记得有一次，我必须参加考试，我担心自己会昏厥。我还从来没有过昏厥的经历。作为一个年轻的母亲，我在家照料孩子们好几年以后才回到学校。当时我正在匹兹堡的一座山上，步行去往考试的教室。我不知道我和昏厥之间到底是怎么回事，只知道我一定认为昏厥是我无法控制的，所以如果我因此错过了考试，我也不会自责。我记得当时在想，这种情况有一个缺陷：我会从昏迷中醒来，无论如何仍然要参加考试。这让我平静下来，我参加了考试而且考得很好。我没有昏厥，我从这次经历中学到了，我可以害怕，但无论如何还是会做一些事情，这对我有很大的帮助，但我仍然需要改进思维模式，因为当我不断地思考和担心我的表现时，我就会分心，忘记学习我真正喜欢和关心的东西，忘记把新想法和我已经知道的东西结合起来这件事是多么有趣和愉快。对我来说，专注于自我慈悲会有很大的帮助。人很容易忘记当焦虑突然来袭的时候，我们可以接纳焦虑的存在，同时继续享受学习的乐趣，即使那时焦虑会压抑这种乐趣。我坚持了下来，挑战那些基于威胁的想法，代之以更多支持性的想法，比如，"从长远来看，只要继续努力，我的表现自然就足够好了"，或者，至少是尽可能地好。然而，我没有想到我可以在感到焦虑时，刻意地善待自己。幸运的是，现在当我们感到社交焦虑时，我们可以更友好地分享对自己的感觉。

你可能有过这样的经历：第一次跟某人见面，感到害羞和一阵焦虑，也许是在打招呼或握手的时候。回顾过去，你可以感受到社交焦虑发生得多么自然。它突然出现——砰！随之而来的是一些自动思维，比如"我不知道该说什么""我看起来很焦虑""我听起来很蠢""他们会认为我很蠢"。这种对个人表现的反复思虑会让你背上沉重的负担，你可以通过挑战你的自动思维来做出改变，多对自己说一些支持性的话，关注其他人身上让你觉得有趣的事情，寻找共同的兴趣。

你可能会注意到，在一次没有像你希望的那样顺利进行的互动后，自己变得忧心忡忡。记住恶性循环中羞耻-自责这部分。你可能会发现自己因为别人没有让你畅所欲言而生气。研究表明，这种怨怼会加重社交焦虑，并与悲伤和心情低落有关。本书中的练习将帮助你在对自己或他人感觉不好时进入你的舒缓系统，并帮助你缓解痛苦的感觉。例如，佛教教导我们要善待他人和自己，尤其是当我们感到失望或沮丧时，这样做会增进我们的情绪健康。

我们知道，强烈的害羞和社交焦虑是威胁-保护反应的一部分。当我们感到焦虑时，杏仁核（大脑中心的杏仁状器官）被激活。如果这种情况经常发生，杏仁核就会变得敏感。这种敏感性也可能是生活环境的巨大压力、遗传易感性、过去未解决的痛苦和/或创伤，或其他原因造成的。

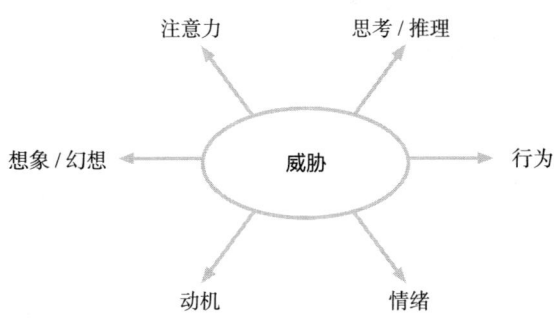

图 2.2　威胁系统"对心智的组织"

自我反思练习：威胁系统

想想你的威胁系统是如何运作的。你可以用下面的问题来帮助自己思考。

你的威胁系统多久触发一次？
_____

什么样的事情（情境、经历、想法或记忆）会触发它？
_____

当这个系统被激活时，你觉得它的强度有多大（1是弱，10是强）？
_____

在这种情况下，哪种情绪（焦虑、恐惧、愤怒）容易被触发？
_____

当这个系统被触发时，你想做出什么类型的威胁-防御行为？
_____

当这个系统被触发时，你的新脑能力（思考、担忧、反复思虑、想象）会发生什么变化？你有什么想法？
_____

认识到我们的反应是适应系统的一部分，以及新脑有见风使舵和夸大危险的倾向，我们就可以探索如何降低敏感性，学会友善和慈悲地对待自己，并帮助威胁系统回到与其他系统平衡的状态。

害羞和我们"感觉良好"的情绪

你的大脑就是这样设计的，在很多情况下你的威胁系统会否决和关闭你的积极感觉。例如，想象你正在树下享受一顿餐食，或者和伴侣共度浪漫时刻——突然间你听到了雷声，暴雨开始倾泻，你看到不远处出现了一道闪电。你很可能会变得焦虑，对享受食物和浪漫的可能性彻底丧失兴趣。你必须留意威胁，要做到这一点，你必须关闭积极的兴趣和情绪。

当然，有时候，如果一个情境中既存在积极的情绪（潜在的新约会对象），也存在风险/威胁（例如被拒绝），我们就会感到矛盾。我们可能得学会否决焦虑的情绪，以便冒险邀请那个人约会，享受积极的事件。如果天平偏向焦虑，我们就永远不会打那个电话，永远不会知道约会是顺利还是糟糕。实际上有些人会从增加风险感中获得愉悦/刺激——比如跳伞！当然，俗话说："如果一开始你没有成功，那么跳伞可能不适合你。"

关键是积极和消极的情绪是不断地相互平衡和交换的，我们要决定自己将依据哪个元素采取行动。当感到令人痛苦的害羞或社交焦虑时，我们就会与积极的感受和欲望，即积极的情绪系统失去联系。我们忘记了人际交往的快乐，以及人们可以多么有趣，因为我们太关注这个事实：他们可以对我们做出负面评价或者不接受我们。我并不是说这没什么大不了。如果人们不接受我们，这会非常令人沮丧。社会排斥对任何人的幸福感的威胁都不亚于身体威胁，这种经历也会给我们带来同样的痛苦。事实上，社会排斥激活了大脑中与躯体疼痛有关的系统。感到社交焦虑时，我们往往会对社交威胁过度关注并高度敏感，忘记我们的积极品质和以前与别人愉快交往的经历。我们也忘记了喜欢别人和享受他们的陪伴，把这些感觉传达给他们通常能让他们更了解我们一些，并以此为起点开始喜欢我们。人们只会喜欢他们了解的事物。

你可能已经注意到，当有人喜欢你，并向你传达他们的喜爱之情时，你也会很容易地喜欢上他们。他们可能是聪明、有眼光、个性很好的人。因此，表达你对他们的喜爱，想一想他们身上让你觉得有趣和喜欢的地方，这是很有帮助的。这样一来，你也可以找到共同点。把注意力集中在另一个人身上，会让你远离反复思虑和忧虑。如果我们不断地去冒险、参加聚会、认识新朋友、参加工作面试，随着时间的推移，我们通常会变得更自在。反之，逃避会让我们下一次更加焦虑。因此，学习如何接受焦虑，采取友善、支持的态度，把它视为进化的自然结果，尽己所能，做我们想做的事情，这将有所帮助。

找到我们的欲望和价值观

问一问这个问题总是值得的："如果对此不是那么焦虑，我还会想做这件事吗？"有时候，我们长时间处于高度社交焦虑状态，以至于自己都忘了我们真正想要的是什么，或者我们想成为什么样的人。如果要提高应对社交焦虑的能力，学会对生活展开幻想和想象是重要的一步。毕竟，如果没有理由去承受焦虑（一开始可能会很困难、很辛苦），那这样做有什么意义呢？史蒂文·海斯在他关于接纳承诺疗法（Acceptance and Commitment Therapy）的研究中提出，重要的是要思考，为什么我们要根据自身价值观重新调整自己，并致力于改变。在害羞诊所，来访者和治疗师在小组讨论时都会问自己这个问题："你想成为什么样的人？"这意味着我们要热情地对待某些人并关注他们，如果我们和这些人交往，他们会给我们带来快乐，而这样做会帮助我们成为我们真正想成为的人。

当有问题的害羞阻碍和干扰我们在生活中想要做的事

情时，理解这个过程可以帮助我们克服它。焦虑是威胁系统的一部分，它会使我们失去两种积极的感觉，这两种感觉对我们的幸福和功能都很重要。一种积极的情绪是兴奋，它与对目标的追求有关，它会激活我们，给我们能量。当我们参与体育活动，或者努力争取我们想要的工作时，我们会感到兴奋。兴奋是驱动系统的一部分。第三个系统被称为舒缓系统，它促进平静和满足、和平和安全的感觉。让我们从驱动系统和一个例子开始。

玛莎是一名教师，她受到启发，要帮助她的学生了解在城市里保持公园和公共娱乐场所的可用性有多么重要，特别是对于低收入的学生。她成立了一个非营利组织来帮助她做研究，并为低收入地区的公共空间建设筹集资金。她开始在不同的高中演讲，内容是她正在学习并开始实施的东西。她喜欢谈论自己的经历，还接受了当地脱口秀节目的采访，在节目中她分享了自己对这项正在展开的工作的兴奋和快乐。

自我反思练习：注意驱动系统如何工作

根据我们对驱动系统的讨论和玛莎的例子，谈谈你是如何体验驱动系统的，以及它是如何对你起作用的。你可以用下面的问题作为指导。

想一想最近一次你的驱动系统被激活的时候：

是什么情况触发了你的驱动系统？
___

什么样的情况、想法、经历或记忆可能会触发它？
___

以1~10的程度来评估，这一体验有多强烈？
___

什么样的驱动情绪容易被触发（兴奋、快乐）？
___

被触发时，你想要采取什么行动（追求、成就、庆祝）？
___

当这个系统被触发时，你的新脑能力（思考、反复思虑、幻想、想象）发生了什么变化？你产生了什么样的想法？
___

值得注意的是，研究表明，当人们感到不安全时，他们会花大量的时间试图通过展示自己的成就来给别人留下深刻的印象,或者只是与人为善,为别人做事。他们觉得自己没有安全感和价值,因此总是试图赢得别人的喜欢或钦佩。不幸的是,这种做法只是暂时起效,他们会变得疲惫和沮丧。这些人经常发现他们缺乏基本的自我友善,通常对自己相当挑剔,认为自己不够优秀,必须向别人证明自己。其中一些人,但并非全部,可能在过去与别人相处时有过害羞、社交焦虑和负面经验,这些经历让他们感到不舒服或不被接受。这些人可能会努力给别人留下深刻印象,以赢得一席之地、免遭拒绝。在治疗中,他们往往需要首先学会善待自己、接纳自己。

如果我们的驱动系统因为激活而耗竭,它就会变得更弱。我们可以理解为这个大脑系统会变得疲惫,而我们可以想办法帮助它恢复活力。如果我们自我批评,厌倦了如此努力,认为别人都没有经历过这一切,就会让事情变得更糟。自我批评无助于获取热情和新的能量。

当然,让疲惫的驱动系统得到恢复的方法之一是休息。另一个方法是通过做一些积极的事情来刺激这个系统,比如散步或游泳(锻炼总是有帮助)、参观博物馆、看电影或戏剧。

我们也可以每天专注于我们喜欢的小事情:一边欣赏窗外的鸟儿,一边喝下早晨的第一杯咖啡;上班路上,感受附近咖啡馆或糕点店的香味和声音；花一分钟看看别人家前院绿色的草坪或正在盛放的花朵；关注天寒地冻过后的一个温暖春日、下雨的声音或感觉；思念一个朋友；给你爱的人挠痒痒的感觉。这些东西会安抚我们，当我们心烦意乱时，我们可以学会重新把注意力集中在它们身上——即使只是短暂的。稍后，我们将讨论如何设计一个刺激舒缓系统的程序。

满足、舒缓和友善

正如前面提到，并在"三种主要情绪调节系统之间的相互作用"图中所展示的，有专门的大脑系统来调节满足和休息的体验。这不同于激活系统和威胁保护系统。当动物没有危险也不需要觅食时，它们可以休息。当我们没有感到被驱使或受到威胁、只是活在当下的时候，我们会感到平静和满足。用一两分钟来回忆你曾经感到平静和满足的时刻。回忆当时发生了什么；花点时间真正去领会当时的感觉、你现在记得的感觉，以及它和兴奋感的差异。在定期冥想时，我们会体验到和平感和平静感的提升，在后面的章节中我们将探索这一部分。

因为进化使用和适应已经存在的系统，满足系统与爱和关怀有关。作为哺乳动物，我们通过清洁、喂养和保护来照料婴儿。这些婴儿存活下来，并把这种照料后代的基因传递下去。数千年来，对后代的保护和关怀使大脑产生了新的设计。许多物种，比如鸟类和家犬，都会照顾它们刚孵出的小鸟或新出生的小狗，会照顾和爱护它们的幼崽。你会看到，受到这种照料的幼崽们是安静、平和的。这种用善意抚慰痛苦的能力是我们进化的遗产。你会发现自己和别人都在婚姻伴侣、医生、朋友、老师和心理治疗师那里寻求善意。心理学家戴维·巴斯对世界各地的人进行研究，发现人们在伴侣身上寻找的最重要的东西是善良，其重要性超过成功繁殖后代和对资源的控制。

想想你自己的经历——当你对做报告或参加聚会而感到不舒服的害羞或焦虑时，如果你的伴侣或朋友说："哦，看在上帝的分上，这没什么大不了的，你会没事的！别这么小题大做！"或者"下星期我有一个更棘手的问题，你可没听见我大惊小怪！"，你会有什么感觉？

此刻，如果你的伴侣或朋友仔细倾听，同情并理解你的感受，轻抚你的手臂或肩膀，或者说"我也害怕演讲"。你或许能感觉到那是多么地让人平静，而你的身体会体验到多么不同的反应。感受你内在的智慧，它知道其中的区别。我们会认识到，人可以多么容易地陷入威胁系统的恐惧和怨恨之中。我们也可以批评和轻视我们自己。我们可以羞辱和欺负自己，或者就像你刚刚经历的那样，我们可以训练自己的思维，让它友善、体贴，感到平静和关怀。

善意和信任相伴而生。我们可以求助于我们信任的好人，以此来抚慰自己。我们也可以学着向自己求助，这一点我们后面会讲到。这些平静、良好的感受与催产素有关，最近的研究表明，催产素与信任和亲密感有关。

我们的新心智及其困难

人类和动物的大脑以相似的方式运作，都使用这三种不同的系统。但人类的不同之处在于：我们可以形成心理图像，思考未来并制订计划。这种能力可以帮助你朝着目标努力，为工作面试做准备，以及找到一个合适的伴侣。我们很聪明，进化得足以发明电脑、建造宏伟的城市……开发可以无差别地杀死数百万人的复杂武器。我们可以与其他人一起制订计划、与伙伴一起梦想未来的场景。我们可以在繁忙的道路上开车、创作音乐和构思小说情节。我们有一种活着和有意识的感觉。我们可以基于特定的文化背景为自己创造身份认同。然而，我们也可以想象非常消极的场景，比如一生孤独、永远找不到伴侣、永远找不到好工作。我们的大脑可以专注于积极或消极的感觉和想法，也可以产生它们。

想象一下，你在工作中感到社交焦虑。也许你的团队中有个人正在欺负或批评你，应激激素皮质醇增加了。你大脑中的威胁系统被触发，你感到更加沮丧。现在，请你注意，因为这一点很重要。我们自己的自我批评想法,尤其是苛刻和羞辱性的想法,也会对我们造成同样的伤害。

如果经常进行自我批评,我们会不断刺激自己的威胁系统。我们这样做可能是因为过去受到了批评,而我们没有停下来思考(过去也没有)那个人是否关心我们,或者这一批评是否准确或合理。我们没有停下来思考,可能是他们自己的问题,导致他们去批评别人。如果我们努力工作以达到特定的标准或结果,但没有达到我们想要达到的目标,我们可能会认为辜负了自己,于是自我批评,并且认为别人也会批评和拒绝我们。这样一来,我们就在刺激自己的威胁系统,影响自己的大脑。批评越是频繁,大脑受到刺激的区域就越多。

我想起了一个害羞的来访者安妮,她在一家大公司上班,面对即将到来的裁员,她感受到了威胁。当然,感到紧张是很自然的。她变得非常警惕,观察同事的一举一动,寻找他们拒绝自己的迹象,以为这意味着每个人都认为她会是那个被裁的人。有个同事尤其权威并且十分苛刻,还对她厉声呵斥,这让事情变得更糟了。她想着自己的编程技能,纠结于它们并不完美的事实。她难以克制自己,一遍又一遍地寻找自己的不足之处。她想起她的批评者最近又贬低了另一个团队成员,这让批评者看起来更加强大和有威胁了。

自我友善的力量

我们可能都很熟悉自我批评时会产生的想法，也能够感受到刺激特定大脑区域的威胁激活。那么，能在遇到困难时帮助你的舒缓和镇定系统又是怎样的呢？现在想象有人真的理解你的处境和感受。他们友善、热情，真诚地关心你。他们对你有何影响？花点时间去体验一下……

现在想象自己在课堂上或工作中学习一些新东西。其他人似乎掌握得更快。你的老师平静、温和、热情，密切关注你的学习过程以及你犯错误的地方，认可你的技能，并帮助你在原有基础上提高。现在想象一个老师，当你没有学会时，老师很生气，表现得好像你在拖大家的后腿，并且只看到你做不好的地方。对我们大多数人来说，并不需要太多的想象，我们就知道自己想要的是第一个老师。

当安妮和她的害羞小组分享她的恐惧时，人们能够理解和认同她。他们认可她在同一家公司近30年的工作经验，并提出他们在小组活动时看到了她的责任心，而这一点在工作中一定也是显而易见的。因为安妮的威胁系统被高度激活，她会倾听，但也会很快地回到她的忧虑上。大家听完她的陈述后，会再一次对他们在她身上看到的力量和能力表示认可。他们还说她的同事听起来比她更"紧张"，怀疑这是不是他对人咆哮的原因之一。他们还建议她去人力资源部问问，然后问她如果她真的被解雇了，她的经济状况会如何，他们认为这样也许可以让她的恐惧减轻一些。安妮注意到她确实存了不少钱，并且如果真的被解雇了，她可以回到大学，成为一名图书管理员。她喜欢阅读，是当地图书馆的志愿服务者。在大家的支持下，她开始感到放松，并探索替代选项。

通过前面的例子，我们看到了可以如何刺激自己的友善和舒缓系统。如果我们能善待自己、支持自己，在遇到困难时专注于我们的优势和成功，需要额外练习时温和一些，就可以刺激那些对善意有反应的脑区，从而抚慰自己。继续阅读本书，你将学会如何有意识地运用慈悲的思维、行为、意象和情绪来抚慰自己，恢复大脑中各个系统的平衡。

自我反思练习：注意舒缓系统是如何工作的

参考我们对舒缓系统的讨论和安妮的例子，探索一下你是如何体验舒缓系统的，以及它是如何对你产生作用的。你可以用下面的问题作为指导。

想一想最近一次你的舒缓系统被激活的时候：

_____

> 是什么情况或别人的什么行为触发了你的舒缓系统?
>
> _____
>
> 什么样的情况、想法、经历或记忆可能会触发它?
>
> _____
>
> 以1~10的程度来评估,这种体验有多强烈?
>
> _____
>
> 什么样的安抚情绪会被触发(平静、满足、温暖、舒适)?
>
> _____
>
> 被触发时,你想要进行什么行为(放松、接受或给予关怀)?
>
> _____
>
> 当这个系统被触发时,你的新脑能力(思考、计划和想象)发生了什么变化?你产生了什么样的想法?
>
> _____

然而,记住这一点非常有用:有时,如果我们自我苛责的程度非常强烈,那么对自己表达慈悲可能是具有威胁性的。有些人认为自我友善或寻求善意是一种弱点或放纵。当我们开始训练自己的心智时,我们需要克服这种不情愿和恐惧的心理。

越来越多的证据表明,自我慈悲和自我友善与人们的抗压能力和总体上的幸福感是相关的。克里斯汀·内夫是自我慈悲的早期研究者之一,她有一个有用的网站(www.self-compassion.org)。网站上有一份调查问卷,用来测量你的自我慈悲水平。网站上也有一些提高自我慈悲水平的建议。吉尔伯特和内夫都对自尊和自我慈悲进行了区分。自尊依赖于成就和良好的表现。自我慈悲则是深刻地意识到自己的痛苦,并且希望减轻这个痛苦,就像我们希望为别人减轻痛苦一样。吉尔伯特于2007年在德比成立了慈悲心基金会,以支持对慈悲的研究。

在害羞研究中,我们区分了自尊和自我接纳。我们帮助来访者专注于自我接纳,因为自尊会随着一时的成功或失败而上下起伏。研究表明,自尊和实际能力无关。很多高自尊的人不一定很有能力,但是他们会为自己所做的事情感到自豪。我们都知道有些人非常自信和自尊,我们想知道为什么。我在害羞诊所见过许多成就斐然,自尊却很低的人。有些人往往既对自己期望很高,同时又低估自己。害羞小组的重点是自我接纳,即不管我们在社交或其他方面取得的成就如何,都能够接纳自己。我们鼓励人们做自己的忠诚伙伴,因为,让我们面对现实吧,人无完人。

自我慈悲扩展了自我接纳的范畴,关注我们与其他和我们一样正在苦苦挣扎的人所共有的人性和相似性。通常，当人们来到害羞小组的时候，他们没有意识到他们的担忧和自我批评和其他人是相似的；他们不认为其他人有同样的想法和感受。但我们其实都一样。作为治疗师，我们要做的第一件事就是分享我们的担忧和消极想法，这样来访者就会看到，我们都坐在同一条船上。

很明显，我们的大脑天生就会对善意做出反应。善待自己并非自我放任。就像社交适能和身体适能一样，我们也在用善意训练我们的大脑，帮助它们以最佳方式运作。

注意差异

请注意这句话：世界各地都有人在致力于让这个世界变得更美好，并努力在各国人民之间建立信任。请面露慈悲，带着温和的笑容，花几分钟时间专心阅读这个句子。

在世界各地，数百万人正在用残酷和恐怖的手段彼此伤害。现在注意你的情绪发生了什么变化。

这个世界的坏消息太多，现在有一些网站关注世界各地人们正在做的好事，你可以搜索它们。人们告知彼此并谈论他们在世界上看到的美好事物。尽管互联网正在被坏消息和不良情绪所淹没，但也有一些地方，让我们可以把注意力集中在我们想要共同建立的事物上。

让我们花点时间一起记住，社交焦虑是我们不断进化的大脑会产生的一种自然的情绪，它不是我们的错。我们可以训练我们的大脑，让它变得慈悲，在我们感到害怕或沮丧时给予支持。当害羞成为问题时，如果我们接受自己的害羞，那么我们的大脑就能更好地发挥功能，我们也会过得更好、更快乐。我们不会让社交焦虑阻碍我们的目标和人际关系。

在本书中我们将详细讨论，当害羞成为我们人生路上的阻碍时，要如何应对它。随着阅读的深入，我们的自责也会少很多，自我慈悲则会多很多。越少责备自己，我们就越能在认可自身感受的同时，为实现我们的目标承担更多的责任。

要点

- 我们的大脑已经进化了数百万年。
- 我们有两种类型的心智。情绪驱动的心智会自动做出反应且行动迅速。认知导向的心智能够进行复杂、理性的思考。
- 有三种情绪系统帮助我们生存：
  1. 探测和跟踪威胁并对其做出反应的系统。
  2. 感知动机和欲望的系统。
  3. 促进满足感、安全感和幸福感的系统，尤其当我们在人际关系中感到被关心和支持时。

- 自我批评会激活威胁系统，自我友善则能帮助我们恢复系统的平衡。

我们学到了什么

我们刚刚发现，自己拥有一个并非自己设计的大脑，而动机和情感则是数百万年前就被设计好的。

然而，我们的大脑也有思考、反复思虑和幻想的能力。我们拥有自我意识，也在意别人是怎么看我们的。

我们的大脑有三个基本的情绪调节系统：威胁系统、驱动系统和舒缓系统。这三个系统是相互作用的。

自我批评倾向于激活威胁系统。学会自我友善的技能则可以激活舒缓系统，帮助情绪系统恢复平衡。

自我反思练习：了解你的威胁、驱动和舒缓系统

你的各个系统是如何达成平衡的？

其中一个系统是否比其他系统更频繁地激活或者反应更强烈？

你是否很少体验到其中某个系统的激活？你是否感到很难去体验其中某个系统？

_____

什么样的经历影响了你的威胁系统？

_____

什么样的经历塑造了你的驱动系统？

_____

什么样的经历塑造了你的舒缓系统？

_____

第三章

培养自我友善的技能与慈悲心

到目前为止，我们已经探讨了害羞的本质，以及它是如何帮助和阻碍我们的。现在我们将注意力转向能给我们带来巨大帮助的东西：培养并使用慈悲心来帮助我们克服令人痛苦的害羞和社交焦虑。

长期以来，许多精神传统都认为，对于我们是否能够与他人建立愉快的关系，以及让自己幸福快乐，慈悲心起着关键作用。在2500年前的印度，佛陀意识到我们的心智常常是混乱的，受到各种欲望的推动和牵引，这可能是深层不幸的根源。他的解决办法是建立正念，清晰地认识到我们的心智是如何运作的，并与慈悲心的培养相结合。现代研究表明，培养对自己和他人的慈悲心确实对大脑的运作、我们的情绪，以及人际关系的质量有重要的积极影响。

什么是慈悲？

慈悲是坦诚、体贴地对待我们和他人的痛苦，并且有减轻痛苦的动机。除了体贴和承诺，我们还需要善于理解痛苦的本质，以及如何减轻痛苦。

本书中基于慈悲心的方法受益于佛教的思想和实践。这种方法也借助了关于心智的新的科学思考：心智是如何工作的，以及它们如何受到不同过程的影响，这与我们大脑的进化方式有关。

不同的心智状态

我们的心智天生就会呈现或发展出不同的模式，并处于各种相应的状态。在每一种状态下，我们都能感受到注意力、思维、行为和感觉上的差异。例如，我们可以看一看下图中的两个圈，比较和对比两种大脑模式或"心智类型"。我们可以称之为威胁/焦虑心智（或者基于我们的目的，称之为社交焦虑心智）和慈悲心智。

想象一下，你非常焦虑，也许是因为你将要去参加聚会，聚会上有你想要认识的人，为此你感到害羞，或者你正准备参加一场如第二章所述的工作面试。这类事件理所当然会让我们的威胁系统上线，因为这就是它的工作：帮助我们

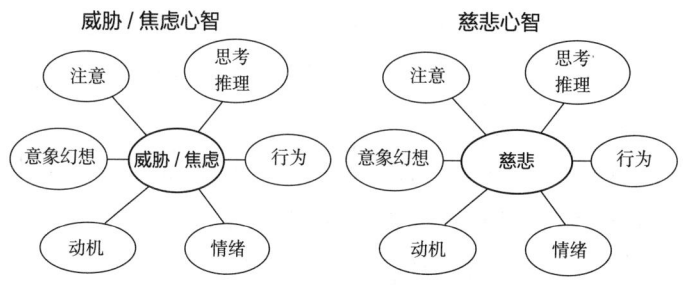

图 3.1 威胁 / 焦虑心智和慈悲心智

快速发现、避开或应对危险。因此甚至在事件发生之前，我们的威胁心智已经处于警戒状态——它有充分的理由切换到焦虑模式。

让我们绕这个圈一周，看一看这个模式。

在焦虑模式下，我们有充分的理由去关注其他人是什么样的。面试官会如何对待我？他们是友好的还是冷漠的，开明的还是严厉的？他们会寻找我的弱点或困难，还是会在我谈论自己的优点时给予倾听和鼓励？如果事情进展不太顺利，过去的情境可能会在我们脑海里产生干扰性的意象或想法。

我们是如何思考和推理的？我们是在想象我们能做得多么好，专注于思考我们将会表现得多么优秀、多么令人印象深刻吗？如果我们非常焦虑，那么更可能发生的是我们想象自己不会有很好的表现、不会给人留下好印象、有些人可能会看出我们很焦虑，因此不太看好我们，或者其他人会在面试过程中表现得更好从而得到这份工作（至少我们是这么认为的），所以，我们的思考、推理和反复思虑都集中在情境中可能存在的威胁上。

那我们的身体呢？它想要做什么，它迫使我们采取了什么动作（和行为）？为了潜在的回报，你也许想去参加工作面试。然而，另一部分的你不愿去面对它，因此不想参加。事实上，如果你非常害羞和焦虑，你甚至一开始就不会申请这份工作，或者怀疑自己究竟为什么要这样做！所以，当焦虑心智和身体启动时，我们就会充满逃跑或回避挑战的强烈欲望。

焦虑的情绪既可以是简单的，也可以很复杂。如果我们只感觉到社交焦虑，这是相当简单的。但有时我们会有复杂的情绪，既想与他人交往又害怕这样做。保护性的欲望促使我们避开社交活动和其他人，而积极的欲望与前者相抗衡。的确，我们越是想要见到某人或与他在一起，往往就越焦虑。我们可能也知道，有时当我们对自己想做的事情感到焦虑时，我们会因为感到焦虑而生自己的气，因为在社交场合害羞而对自己懊恼或失望。我们会为焦虑或害羞而生气，是因为我们觉得它们阻碍了我们，或者我们与他人不同。你可以想象（或者可能已经有经验），生自己的气会给威胁系统增加额外的刺激和动力。现在我们有两种威胁情绪需要处理：焦虑和愤怒！我们当然不会感到舒适、平静或安慰。

这同样适用于我们的动机、基本欲望、需要和愿望。动机有两种类型：处理我们当下感受和处境的动机，以及实现长期目标和拥有更美好未来的动机。因此在焦虑的压力下，我们的直接动机可能是逃跑和回避。我们被驱使着尽可能快地减少焦虑，消除任何可能的威胁。然而，事后我们会感到悲伤，因为逃避使我们错失了一次机会。然后，我们可能会再次陷入自责和自我批评。

最后但并非最不重要的，是我们在头脑中创造的意象情景，正如你在焦虑圈中所看到的。它们都与注意力有关。感到社交焦虑时，我们可能会对充满焦虑的记忆或潜在的威胁性产生短暂的意象。我们可能会在脑海中想象自己坐在面试小组面前的椅子上，满心焦虑，还有些呆滞和尴尬，而面试官则板着扑克脸，冷漠地看着我们。研究表明，社交焦虑的人会想象别人对自己的负面看法，并且能够想象出很多种别人消极看待他们的方式。社交焦虑的人可能会有一种沮丧的感觉，他想象面试主持人说："谢谢你的到来，但我认为你不是这个职位需要的人。"然后他就会一直想着这些话，沉溺其中。头脑中上演的这类情景越多，威胁系统对它们的反应就越强烈。

甚至当威胁/焦虑心智抽取我们心智的不同部分来创造一种模式时，此模式中的某些元素还可以相互补充。我们在脑海中创造的情景会影响我们的注意力、思维、感觉和身体的运作方式——回想一下那个例子,想象一些色情的内容,以及它如何影响我们的身体(见第二章"自我友善"一节)。我们对困难进行思考和推理的方式会影响我们的注意力、感觉、动机和行为。这就是为什么我们称之为焦虑心智,因为心智的很多部分串通一气,唯一的目的就是试图应对一个感知到的威胁。因为这些元素可以相互激发和推动,导致更强烈的社交焦虑。你的思考会驱动并加剧焦虑感,而你的焦虑感又会反过来驱动更加焦虑的思考方式。

记住这一切都不是你的错,而是进化让我们拥有了非常复杂的大脑。此外,你可能具有社交焦虑和有问题的害羞的生物学倾向。事情也可能发生在你还年幼的时候,比如老师或父母苛刻或严厉,老师想把你变得外向而不是内向,欺凌行为让你对负面评价特别敏感,对可能招致的批评十分警惕,或者你可能经历了很多挫折。然而,尽管对于负面评价的敏感和恐惧不是你的错,但除了让威胁系统掌管局势,你还有其他的选择。开始掌握更多的控制权,驱动心智朝你想要的方向前进,这是你做得到的。

心智转换

学着更明确地认识威胁/焦虑心智如何对我们起作用,"留意"它在我们心中出现,并学会将它视为威胁系统的一部分，这是至关重要的第一步。然后，我们要学习采取措施激活不同类型的心智，来帮助我们抵消社交焦虑的心智。

你可能已经猜到我要说什么了：培养慈悲心真的能帮助我们应对社交焦虑和极度害羞的心智。在某些方面，人们很久以前就已经对此有所了解。2500多年前佛陀就知道，培养慈悲心能够抚慰心灵，并增加自我安详镇定的品质。在西方，有一群心理治疗师被称为行为治疗师（专注于改变行为，也包括想法），他们也开始认识到，我们可以通过产生一种情绪来消除另一种情绪。他们提出，如果我们学会了放松，那么放松的状态是不能和高度焦虑的状态共存的。他们用相互抑制这一专业术语来描述这种现象。由此产生了对焦虑的想象脱敏疗法，其做法包括在想象一个充满压力的社交场合时，注意我们的呼吸并有意识地放慢呼吸速度。

在治疗焦虑的早期，应对策略的一部分是学会放松。这并不是教人们"摆脱焦虑"或"控制焦虑"。今天我们的重点更多的是学习接受和容忍焦虑，以及了解其他一些会造成不必要的焦虑的事情，比如我们呼吸的方式或让身体紧张的方式。这样一来，我们就更可能觉得焦虑只是令人不快，但并不可怕。我们可以学习如何产生有抵消作用的心智（特别是慈悲），从而减少焦虑心智的力量和对负面评价的恐惧。这可能是一把双刃剑：我们学习了解和容忍焦虑、是什么导致焦虑增加，以及可以做些什么来避免火上浇油（例如，不要老是想着那些关注威胁的想法）。我们能学到：如果培养对自己的慈悲，而不是由于焦虑就苛刻或暴躁地对待自己，容忍和接受焦虑就会变得更容易。

那么你认为，如果在感到非常害羞和焦虑时，你学会了如何慈悲地将注意力重新集中到自己的心智上，然后观察会发生什么事情？这会有帮助吗？你能训练自己的心智，从而更好地应对有问题的害羞和习惯性害羞吗？如果答案是肯定的，那么重新集中注意力的最佳方式是什么？你会把关注点放在哪里？

自我反思练习：注意威胁系统是如何运作的

参考我们对舒缓系统的讨论以及我们如何体验社交焦虑的例子，探索你如何体验威胁/焦虑心智，以及当你感到社交焦虑时，它是如何起作用的。用下面的问题作为指导。

想一想最近一次你感到社交焦虑、威胁系统被激活的时候。

是什么情况触发了你的威胁系统？

什么样的情况、想法、经历或记忆可能会触发它？

用1~10的程度来评估，这种体验有多强烈？

什么样的威胁情绪会被触发（恐惧、焦虑、沮丧、羞耻）？

被触发时，你想要采取什么行动（离开这个环境、保持安静、远离别人）？

你认为慈悲会有帮助吗？

你如何重新关注慈悲？

慈悲心

在阅读这一节之前，你可能需要停下来思考一下慈悲心对你来说意味着什么。围绕着第104页的慈悲圆环，思考其中的每一个元素。如果你让自己的心智专注于慈悲，那么它会是什么样的？你知道威胁心智会让你专注于危险。为了专注于慈悲，你可能需要回想自己过去成功的时候，跟其他人和谐相处的时候。你可以回忆起某个善良的人。当然，威胁心智会试图阻止你这么做——这是它的工作——让你关注威胁，以及事情变得一团糟的时候（威胁心智非常擅长它的本职工作，所以它真的不是你的敌人）。相反，我们可以把注意力集中在慈悲上。

慈悲的推理会让你专注于理解一点：习惯性害羞和社交焦虑是很常见的，并且我们或多或少都会患有社交焦虑，因为我们的大脑就是这样设计的。这绝对不是我们的错；认识到进化赋予我们非常复杂的大脑，这是一个重要的慈悲洞察。我们可能还记得，尽管过度害羞有其不利的一面，但害羞本身有很多积极的方面。

慈悲的行为往往与培养勇气和学习如何去做一些让我们害怕的事情有关。慈悲行为也可能鼓励我们练习自己想要获得的行为，在这个过程中，我们可以学到更多关于有问题的害羞、社交焦虑，以及如何应对的知识。我们甚至可以在这个场景下学习工作面试技巧，尽可能地做好准备。这样的行为方式会滋养我们。我们可能会学会"一步一个脚印"地前进，从难度较小的情况开始练习，直到我们可以想象的最具挑战性的局面。我们可能会学到，最好是慢慢练习，在需要之前就掌握自信等技能。在波涛汹涌的大海中学习游泳无济于事，学游泳最好是在温水泳池的浅水一侧。如果我们有严重的回避倾向，不愿去想可怕的事情，那么我们就不会为面对它们而进行演练和准备。慈悲行为可以帮助我们去做一些事情，这些事情有助于我们发展一些对我们很重要的能力，比如人际交往能力或公开演讲能力。

慈悲的情绪与温暖、支持、友善和归属感有关。如果你尝试向自己提出一些鼓舞人心的想法，你是否能在脑海中听到这些想法，并感受到其中的善意和温暖？想象一下，你要去参加一场面试，你对自己说："我以前也面试过，如果这次不成功，我会很失望，但我能应对。"你听到的语气包含着发自内心的善意和关心吗？还是"振作起来，别犯傻了"？我们产生的情绪会影响我们如何听到脑海中的想法。因此，当我们给予支持时，尝试用慈悲的语调和感觉去表达是非常值得的。在整本书中，我们都会练习这些做法。

慈悲的动机是减轻痛苦这一首要动机的一部分。如果你感到焦虑，那么你很容易就会想到，减轻痛苦最好的办法就是避免这种情况——不再焦虑了！然而，这又带来了另一个痛苦的来源：你没能实现你的愿望，或者完成你想做的事。所以，在这里我们需要诚实一点，这将让我们真正去思考我们的价值观，我们想成为什么样的人，以及如何变得更像那个人。在害羞诊所中，来访者和治疗师都在思考我们想成为什么样的人，我们想在小组活动中做什么样的人。在接下来要做的一些练习中，我们将专注于成为慈悲的自己：明智、坚强、温暖、友善、不批评的那部分自己。目前，我们可以把慈悲的动机看作是利用内心的欲望来减少我们的痛苦，这种痛苦可能源于社交焦虑本身或其后果（如逃避）。

慈悲的意象是支持、理解、友善和鼓励的。在焦虑的时候，我们很容易产生可怕的、自我批评的意象。但是经过有意识的训练，我们可以在脑海中创造意象，刺激大脑中不同的系统，尤其是我们前面讨论过的舒缓系统。

我们学到了什么

我们能看到，心智可以呈现不同的模式，进入不同的状态。当你处于不同的状态中时，如果用脑扫描仪显示你的大脑成像，我们会看到各个不同的脑区被激活并亮起。我们会在左右半脑看到不同的模式。这些状态与心智模式密切相关。当我们不知不觉地陷入威胁/焦虑模式时，就像坐在没有桨的独木舟上，在湍急的河流上冲向险滩。如果我们能够学会识别心智状态，并开始重新关注它们，就相当于找到了一根桨，可以开始控制我们的独木舟，即使我们很焦虑。培养慈悲心并不需要摆脱焦虑的心态，但它可以帮助我们更好地应对焦虑，并维持焦虑和自我慈悲之间的平衡状态。

慈悲心：对全局的考虑

现在我们准备更细致地探讨慈悲，以及一些有趣的问题，比如"为什么我要有慈悲心？""与慈悲有关的那些属性和欲望从何而来？"简而言之，与慈悲有关的属性来自我们关怀他人的能力和动机。例如，作为一种哺乳动物，母亲会照料婴儿。进化赋予我们关怀子女的情感和动机。我们喜欢看到他们成长，如果他们感到痛苦和受伤害，我们就会难过。

还是孩子的时候，我们就开始意识到，我们会对其他人产生类似的感觉，尤其是对我们喜欢的人。我们喜欢看到他们开心，如果他们感到沮丧，我们也会闷闷不乐。这些动机和感觉的进化原因很复杂，但基本上，动物和人类都有为生存繁衍而相互帮助的动机。与那些不照顾后代、不形成支持性团体的人相比，这样做的人过得更好，并且能更成功地传递其基因。这并不意味着我们不能偶尔自私、苛刻和残忍，因为我们显然可以如此，并且有时的确如此。同时，我们也可以非常主动地关怀他人。

有趣的是，通常当威胁系统抬头的时候，我们最不可能去关怀别人。我们不太可能去关心那些恐吓我们的人，或者我们觉得更可能滥用权力的人，或者我们不喜欢的人。我们对他们的态度往往是谨慎、保护和防御的，这当然会让我们对慈悲关怀失去兴趣。我们轰炸敌人，并不关心他们会遭遇什么。正如我们稍后会看到的，当涉及与自己的关系和对自己的思考时，也是如此。当我们对自己发怒和苛责时，我们就丧失了关心和安慰自己的动机和情绪。那些可以帮助我们对抗威胁系统的心智系统被关闭了！

就我们的目的而言，我们不需要为这些动机和情感背后的复杂原因操心，只需要理解并驾驭它们。现在我要向你介绍保罗·吉尔伯特创造的慈悲圆环，这个概念是他从许多人的研究和观点中提取出来的，当然也包括了各种各样的宗教精神。

第104页的图中呈现了完整的慈悲圆环。虽然它看起来有点令人生畏，但其中大部分内容我们其实已经讨论过了。那么，让我们把慈悲的属性和慈悲的技能区分开，一个是为慈悲心赋能，另一个则是对慈悲心的使用。

慈悲的属性

关心幸福：从内圈左边开始，"关心幸福"意味着出于关怀的动机，做出决定和承诺来减轻（自己和他人的）痛苦。目前你可能会发现，很难想象拥有或发展出一个关怀和慈悲的方法来解决你的极度害羞和社交焦虑，即使你可以去关怀别人。所以，我们需要解决这个问题。你可能会从权衡变得慈悲的利与弊开始，思考这一尝试会让你失去什么；看看你是否觉得自己做不到，所以以决定不去做——"有什么意义？"，你也许会说。或者你觉得自己有太多的愤怒或其他令人不快的想法和幻想，无法想象如何给予自己关怀。也许你发现很难去关怀别人（这一困难在害羞诊所并不常见；即使人们非常清楚地感受到愤怒、不信任和怨恨时，他们的行为往往还是倾向合作，而不是伤害的）。在任何情况下，任何人都可能有不好的感觉和幻想；这并不会在任何方面削弱你的关怀能力……但你可能需要专注于它并加以训练。

敏感：这里指的是觉察，即当自己或他人处于困境时，学着去察觉。这可能是害羞者的显著特征，他们总是会同情处于困境中的人，除非他们自己被胁迫。有时，更常见的是，当你感到沮丧和害羞时，你可能会试图忽视沮丧的感觉。你可能会试图避免痛苦的感受，因为你"不想提它"。有时变得焦虑会引发对自己的愤怒——"哦，天哪，我又来了；为什么我这么害羞？我怎么了？为什么我不能像其他人一样？"——而不是敏感、温柔和理解。我们会对自己说一些很不客气的话，而我们就算做梦都不会对另一个非常害羞的人说那些话。这就是对我们自己的害羞缺乏敏感。

同情：有些人认为同情是件坏事，为自己感到遗憾是一种放纵，可怜自己或别人则更糟。这是对同情的巨大误解。同情只是一种情感上被打动的能力。假设你看到一个三岁孩子在母亲的陪伴下开心地在街上蹒跚学步。你因为她的快乐而露出微笑,但她被马路牙子绊倒了,狠狠地撞到了头。她的笑声变成了剧痛下的哭泣。立刻,悲伤和焦虑让我们胸口一紧,我们想冲过去抱着她,想办法让她好过点。同情是对痛苦的情感联结。它无须思考,自然而生;我们马上就被打动了。培养自我同情听上去更加困难,但原理是一样的。我们要学会对自己的情绪保持开放和敏感,被自己的困难打动,同情自己的社交焦虑,而不是因为自己感到焦虑或自卑而生气。

耐受痛苦:当威胁系统控制我们时,它会促使我们逃避。此外,无法接受和容忍痛苦或恐惧的情绪,以及激发这些情绪的情境,是许多难解之困的根源。如果我们不能学会容忍并带着这种感觉工作,就无法在行为上熟练地应对困难情况。一旦开始走上逃避的道路,事情的残酷本质就会显现出来:逃避实际上会增强焦虑的力量。越是逃避,焦虑的力量就会变得越大。因此,在应对有挑战性的情况时,学习如何耐受社交焦虑是非常重要的。并且,通过练习并获得支持,你可以在高度焦虑的同时表现良好。

当我使用社交适能训练帮助来访者时,我们会花费前13周的时间进行焦虑情境中的角色扮演。在极具挑战性的场合下,焦虑水平通常一开始就达到90左右(基于0~100的焦虑量表)。当我们完成10分钟的社交互动(或工作面试，或其他有压力的情况如应对批评）后，他们的焦虑水平通常会下降到20~30，因为他们意识到自己可以应对它并继续参与活动。这就是脱敏的工作原理。当然，对一些人来说，第一次的时候焦虑水平只会下降5~10个点，甚至可能上升。他们的焦虑可能需要经过多次角色扮演才能消退。

暴露于令其恐惧的环境中，是痛苦的害羞和社交焦虑障碍最有效的治疗元素。你知道自己可以耐受社交焦虑并且无论如何都能表现良好。与来访者共同进行角色扮演的志愿者往往意识不到来访者感受到的焦虑水平，这让来访者感到惊讶。学会留心和观察能帮助我们变得更能耐受痛苦，学会变得更有同理心，更少批评和评判（这是我们接下来要讨论的两个属性）。

回想一下第一章，对社交焦虑儿童的研究表明他们的父母通常非常焦虑。这些父母保护欲太强，最有可能避免让自己感到焦虑，并试图防止孩子经历任何不安、焦虑或痛苦。例如，一个孩子可能对和他不太熟悉的孩子一起参加聚会感到焦虑，因此家长就把他留在家里。家长会在无意中教给他们的孩子很多事情：一、痛苦的情绪是不可耐受的；二、痛苦的情绪会压垮你，正确的做法是避免这件事和这种感受；三、回避是最好的策略，而不知道多参加聚会和结交新朋友可以减少社交焦虑。孩子回避聚会，就没法跟他不认识的孩子熟悉起来，那么当下次和那些孩子聚会时，他可能会怎做？此外，邀请他的孩子会怎么想？她会感到受伤吗？或者她会以为这个孩子不想跟她做朋友，所以下次就不邀请他了吗？遗憾的是，这些父母当然并不想这么做，但他们没有帮助孩子去理解他的心智是如何运作的，以及如何直面并应对这些不好的感受和情境。有时候父母得先学会耐受自己的焦虑，然后才能帮助孩子。虽然事情有时十分棘手，但慈悲不是逃避，而是去做那些从长远来看真正有帮助的事情。我们通过慈悲来培养勇气。

我有一个朋友，他十几岁的时候上的是男校，很怕和这个年纪的女孩说话。他强迫自己邀请女孩一起去参加聚会或者跳舞。临到要离开家的时候，他感到恶心，担心自己会真的呕吐出来。他母亲陪他走到门口，当他犹豫时，她只是说一句"她在等你"，这招对他很管用。尽管聚会还是一个挑战（有时它们仍然是），但他知道自己能应对，并且当他到达那里时，他通常很享受那些活动（现在仍然如此）。我认识他母亲，知道看着自己的儿子如此焦虑对她来说非常难熬，但我仍然能在脑海里看到她坚定、平静的面容，我知道这种支持对她儿子来说有多重要。

慈悲有时被误认为是抚平痛苦的感觉，换句话说，是摆脱痛苦。当然，有时候我们可以通过抚慰来消除痛苦的感觉，但这既非总能做到，往往也不见得可取。如果我们对某事非常生气，那么我们可能需要学习如何处理愤怒，诚实地面对我们的感觉和幻想，同时做到善良，学会自信。正如保罗·吉尔伯特在慈悲心训练中指出的那样，人们混淆了"表现友好、隐藏或压抑自己的感情"与乐于助人或慈悲。慈悲不是拒绝解决问题。例如，耶稣基督对那些利用教会占别人便宜的放债人十分愤怒。有时我们必须学习如何耐受强烈的情感——甚至是仇恨的思想和情绪。

当然，总是表现出冷酷的诚实和粗鲁同样无益。一行禅师说，可以请求配偶帮助缓解自己对他们的愤怒情绪。愤怒的感受通常需要分享，因为它会损害友谊和亲密感，同时我们可以以爱的方式分享这些感受。有很多方式可以让你既自信又坚强，同时尊重他人。也有的时候，在我们压抑自己的情绪时激愤之词不受控制地从我们口中喷涌而出。那些互动可能给人造成了很大的压力，但有时我们不知道自己的感受有多强烈，直到愤怒爆发。在爆发之后，我们可以变得自信并解决问题。然而，如果习惯性地让事情积累起来，我们就会因为情绪爆发而严厉地批评自己，然后再次压抑自己的感情。这样我们就回到了恶性循环中。慈悲帮助我们认识到，冲突是常见的，也是成长的重要组成部分，它是不可避免的。我们可以学会耐受冲突，并与其合作。这能帮助我们成长。如果你压抑自己对冲突的情绪（你发现自己难以承受这些情绪或害怕它，试图不让别人看到它），你就终止了一个潜在的成长过程。

同理心：同理心让我们思考和理解心智的本质，包括我们自己和其他人的。人类有能力认识到人们的行为是有原因的：因为他们被某种动力驱使着；因为他们有想要的东西，有欲望；因为他们感到焦虑或愤怒；因为他们可能不知道事情的全貌——有时候他们可能完全不了解自己的动机。我们认识到，人们可能会持有错误的观点（当他们与我们的看法不一致的时候尤其如此）或者错误的信念，或者对别人知道的事情一无所知。就像我们有能力理解别人的所思所想一样，我们也能理解自己的思想。我们可以仔细思考，我们的心智是如何运作的。当我们对令人不适的害羞和社交焦虑感同身受时，我们就能够理解害羞的本质以及它是如何发展成一个问题的，理解它是一种普遍的情绪，具有适应性，并且植根于进化。只有在变得过于强烈和持续时间过长时，它才会成为我们的阻碍。我们也能够理解我们自身的个人社交焦虑是如何发展起来的，什么样的外部因素会让它恶化，以及感到不舒服的害羞或社交焦虑时，我们会做什么事情。这就是我们的同理心，它让我们产生同情，因为它建立在对心智运作方式以及社交焦虑如何影响我们内心的深刻理解上。

不评判：最后但并非最不重要的一个属性是不评判。它的意思并不是说："我没有偏好或欲望。"相比培根芝士汉堡，一个人可能更喜欢新鲜水果。不评判意味着不谴责，放下愤怒地去攻击和批评的欲望。这也是正念的重要组成部分。有时我们的直接反应就是指责和批评，而我们越是放松，就越有机会去仔细思考如何最好地处理某事，著名心理学家和研究者玛莎·莱恩汉称之为"技巧手段"。我们越是判断自己有问题的害羞和社交焦虑，就越难培养宽容和接受，并有效地参与其中。

在你自己的生活中，你是如何表达慈悲的属性的？

敏感

同情

耐受痛苦

同理心

不评判

关心幸福

圆环

好了，你知道了。慈悲圆环的内环是慈悲的属性，外环是慈悲的技能。你也许可以看到，这些属性都是相互依存、相互促进的。所以，你变得慈悲的动力越大，培养的慈悲心越多，就越容易培养出其他的属性。同样，你对自己有问题的害羞和社交焦虑越敏感、越有同理心，你的慈悲心就越容易被激发出来。所以，我们将致力于研究这一系列属性和技能，以及它们相互依存的方式。

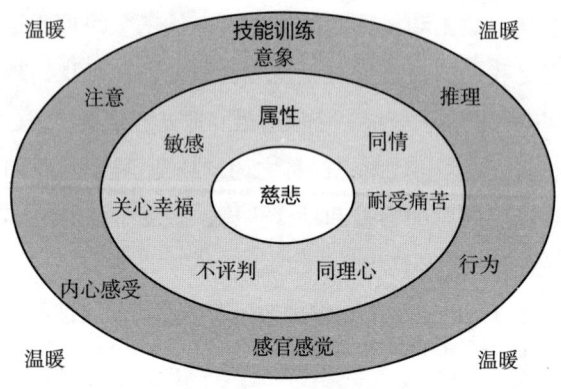

图 3.2 多模式慈悲心训练

经保罗·吉尔伯特慷慨许可，改编自《慈悲之心》一书（London: Constable, 2009）

外环代表我们在本章第一部分探讨过的技能。我们训练自身这些技能，从而创造和塑造慈悲的、乐于助人的意象，旨在刺激舒缓系统。我们可以训练自己的推理能力，训练思维去慈悲地关注经历。我们可以训练自己的慈悲行为，也就是说，以符合我们长期利益和慈悲的方式去对待自己和他人。我们可以训练自己的身体去体验慈悲的感觉。我们可以使用意象和其他观念去产生慈悲的内心感受（后面我们会探讨如何使用意象这类事情）。此外，我们可以练习慈悲的关注；我们可以有意识地引导自己的注意力，在自己的内心寻找有帮助的和支持性的意象和想法，并寻求其他人的帮助和支持行为，而不是让威胁系统持续引导我们关注那些让我们恐惧和愤怒的事物。

你可能已经注意到，慈悲的思考方式包含圆环，它们传达了一种相互作用的感觉：各个属性相互影响、相互依存。就像佛教中的曼陀罗一样，圆环象征着完整和慈悲。

就像不同的心智状态可以相互依存一样，它们也可以相互阻碍（例如，焦虑的心智会让人丧失慈悲心）。这并不是说因害羞而痛苦的人不慈悲，在没有陷入强烈的社交焦虑时，他们和其他人一样慈悲。事实上，在学龄儿童中，害羞与同情具有相关性。专注于慈悲可以帮助我们应对有问题的害羞。

我们学到了什么

我们可以简单地把慈悲看作是对自己和他人的痛苦保持开放和敏感，并带有减轻痛苦的责任感。慈悲是由不同的元素构成的，我们可以通过训练自己来培养慈悲心。我们还要记住，我们的大脑不是我们的错，如果焦虑让我们丧失了慈悲心，我们可以通过意象、慈悲思维和不同的行为等练习来恢复它。

在接下来的章节中，我们要探索慈悲圆环中的所有元素，因为这些元素适合用于帮助你克服痛苦的害羞和社交焦虑，在此过程中，我们会学到更多关于恢复慈悲心的知识。

第四章

将心智转向善良与慈悲的练习

在本章中,我们将学习如何使用平衡和慈悲聚焦方法来对抗令人痛苦的害羞。我们还将介绍如何在提升社交适能水平的同时保持对慈悲的关注。这将提高你的自信和接纳程度,并培养有利于实现人生目标的行为。

用心准备

你可以先买一个笔记本或文件夹,用来记录你对练习的反应、你的想法和见解,以及对于生活中的想法或事件,你可能(或正在)以哪些不同的方式做出反应。你可能还想收集与敏感、害羞和社交焦虑有关的诗歌、文章、谚语或图片。你还可以添加关于愉快或令人兴奋的社交互动的提醒,以及当你减少社交焦虑、增加对自己的友善和慈悲时，这些提醒如何成为你想要在生活中表现出来的方式的缩影。你可以在这些文章或日记中添加内容。写作可以帮助我们澄清价值观和态度，更好地倾听自己——尤其是那些潜藏在更深处的想法和感受。

正念

正念是培养慈悲心最重要的技能之一，佛教的追随者已经对其进行了几个世纪的实践。正念意味着在每一刻都处于觉察状态，只做观察、不加评判。当你把注意力投入当前意识领域中的任何事情时，正念就产生了，无论这个事情是发生在你的心智或身体内部还是外部。

你可能已经体验过正念——当你在林中散步，为一片宁静的草地驻足，或者清晨坐在码头上喝第一杯咖啡，在水中晃动双脚时，你的感觉是这样的吗？完全沉浸其中，没有任何想法和情绪让你从这种体验中分心。

现在花几分钟时间，回想一下你完全沉浸其中，没有任何分心的想法或情绪，感到与周围环境和谐一致，活在当下的时刻。在完成练习的时候，注意你的平静感、你身体的感觉、你轻柔而平稳的呼吸。

> **自我反思练习：探索正念**
>
> 回想自己完全沉浸其中、与周围环境和谐一致的时刻，这种记忆对你有何影响？你的感觉如何？
>
> _____
>
> 如果你现在想不起来有过这样的时刻，那么也许以后会想起来。现在你注意到了什么？
>
> _____

与旧脑建立新的关系

正念帮助我们与旧脑及其情绪、感觉、渴求、欲望和厌恶建立一种新的关系。你可能会注意到，当你开始为有问题的害羞以及未来会发生什么——比如自己也许不能成功地和喜欢的人约会——感到担心时，你也会为过去在社交场合没有坚持自己或畅所欲言感到失望或悲伤。在这个过程中，你失去了当下……我们唯一拥有的时刻。活在当下并不意味着你不能在某些时刻关注过去并从中吸取经验教训，或为了计划将来而关注现在。它只意味着你不会被自己的想法和感觉所操控，被自动地推到那里。

对想法、情绪和身体感觉的觉知

当我们陷入社交焦虑、沮丧和恐惧时，正念也能帮助我们学习对自身想法、情绪和身体感觉的觉知。当你处于上述任何一种状态时，你有没有检视过自己的身体和心智，看看这一情绪是从哪里产生的，以及心智的哪个部分导致了这些灾难性的恐惧和担忧？

如果缺乏有意识地发展出来的正念能力，旧脑就会占据优势，把我们带偏。正念觉知帮助我们注意并接受特定时刻在我们的身体和心智中发生的事情。在感到害羞或社交焦虑时，我们学会不去抗拒或压抑焦虑的情绪。在觉知状态下，接受、不抗拒有助于我们理解这些感受，并在面对挑战时对自己怀有慈悲。

当然，这需要一些努力，比如每天留出时间练习正念，时刻注意进入意识中的事物。我们可以利用注意力在大脑中建立新的连接，刺激有助于头脑平静和慈悲地舒缓身心的脑细胞模式。通过正念，我们学会了引导注意力去帮助我们保持整体的平衡和放松，这样一来，即使在感到焦虑或沮丧的时候，我们也可以更冷静地应对社交场合。

现在，你能把注意力集中在左手的手背，并注意到出现的任何感觉吗？你感到热还是凉，干还是湿，是瘙痒还是刺痒？当我把注意力集中在左手上，我能感觉到房间里空气的凉爽，以及打字时皮肤上的轻微触感。如果现在我让你把注意力集中在右耳上，你会发现一些不同的感觉。当我注意我的右耳时，我能听到耳朵里面有轻微的嗡嗡声；在耳朵外面，我注意到眼镜腿贴在皮肤上的感觉。

> 自我反思练习：对你来说，把注意力集中在手和耳朵上，是什么样的感觉？
>
> 你注意到了什么？

正念使人头脑清晰，注意力集中

正念也有助于我们清晰地观察。想象自己正在吃一颗葡萄，用正念的方式去做（或者用一颗真正的葡萄来做这个练习）。当你在一串葡萄上选择其中一颗时，注意它的颜色和质地。当你冲洗它的时候，注意沾在上面的水滴。当你用两根手指拿起它时，注意它光滑的外皮。把它放在鼻子前面闻一闻。如果你喜欢，可以剥开果皮，注意下面海绵状的果肉。慢慢来。把它放进嘴里，感受它的质地。咬下去，体会果汁在嘴里喷溅的感觉。不要着急，慢慢地咀嚼这颗葡萄，品尝它的甜味，注意你的唾液。你只是在观察这颗葡萄的特性。你并不评判。你的思绪可能会游离到这样的想法上："我想知道我这样做对不对"或者"哦，天哪，这对我的社交焦虑有什么用呢？我需要在购物清单上加上葡萄"。注意你的想法，让意识回到只是探索葡萄的特性上，专注于它的味道和吞咽的感觉。

对你来说，用正念的方式吃葡萄是什么感觉？

通过视觉、嗅觉、触觉和味觉进行探索的感受如何？你是否注意到了任何之前没有注意到的东西？是什么？

你注意到自己的注意力或在场感在质量上有什么差异吗？描述你的体验。

正念就是要活在当下。我们经常分心，自动化运行。你是否曾经沉浸在白日梦中，以至于忘记开车回家，或者在无意识的情况下把办公室的东西放错了地方？担忧是分心的一种形式，比如"我能在商务会议上坚持自己的立场吗？"，或者"我应该和经理约个时间谈一谈我为最近的成功所做的

贡献吗？"也许最糟糕的是，分心会让你被揪住短处，比如有人在会议中向你提问或发表对你的意见，而你却走神了。我们都记得那些让人肾上腺素飙升的场面！

练习：正念呼吸

现在将注意力集中在呼吸上，就像带着觉知吃葡萄一样，把觉知带到我们的呼吸上。我们将练习普通的呼吸。思绪会突然涌进我们的脑海，比如，"如果我做得不对怎么办？""呼吸怎么能减轻我那痛苦的害羞呢？"，或者"这事可能会花很长时间，我需要更快地得到结果"。你只是慈悲地注意到这些想法，并温柔地把觉知带回到呼吸上，或许保持着温柔的笑容。你也可以找一个冥想老师和一个僧伽（一群人一起冥想），与他人一起学习和练习。你可以寻找正念减压小组（如前所述），特别是那些专注于社交焦虑的小组。正念减压小组为你提供了一个温和而安全的容器，让你在为未来的社交场合忧心时，可以继续培养让自己平静下来的重要技能，在实际上处于令你感到害羞的情境中时，能够专注于自己的目标。

现在开始练习，找一个你不会被打扰的安静地方。你可以坐在一张直背椅上，双脚平放于地，背部挺直。双手可以放在膝盖或大腿上。你也可以坐在冥想坐垫或冥想凳上。如果使用坐垫，不妨将双腿交叉放置于身前的地板上。如果使用冥想凳，你可以跪在凳子上，把双脚放在身后的长凳下方，或者左右小腿分别放在凳子的两侧。你也可以仰卧在地板上（也许是最舒服的姿势，但也最容易入睡）。你的目的是在背部挺直并感到舒适的状况下培养一种警觉的注意力和觉察力。

现在，专注于用鼻子呼吸，觉察你的呼吸，在鼻端或在腹部。吸气时感觉腹部鼓起，呼气时感觉腹部凹下。把手放在胸腔下方的膈肌上，拇指向上。请注意膈肌是如何在吸气时扩张，呼气时收缩的。这样呼吸几次，直到你感到舒适，觉得呼吸自然和轻松。

现在，将一只手放在胸腔的一侧，肘部向外。这个动作有点尴尬。轻柔地呼吸，注意胸腔如何向两侧扩张。你的肺就像是风箱，你可以感觉到它们在膨胀。你呼吸的时候，空气从鼻子进来，向下通过膈肌，同时让胸腔展开。你应该感觉呼吸很舒适——你不需要强迫它——但你可能会注意到它加深了。瑜伽教练建议吸气与呼气的时间大约3~8秒。只要找到适合自己的节奏，你就不会感到紧张。

当你呼吸时，你可能会注意到自己的呼吸有点快或有点慢，你在寻找自己的自然节奏。你也可能会觉得自己慢了下来。你的身体正在设置节奏，你要关注它。从大约45度角向下看可能会有帮助。有些人闭上眼睛，但这可能会让你昏昏欲睡，或者让思绪更加游离。如果你愿意，可以再次把手放在膈肌上，然后把双手放在胸腔的两侧。当呼吸的气流从鼻腔中出入时，注意身体内部的感觉。同样，试着将注意力集中在鼻端或者腹部，感觉空气的流入和流出，感觉每次吸气和呼气的起伏。关键是找到自己的节奏，而不是强加一个节奏。

你注意到了什么？

有时，这种最初的练习可能会激发焦虑，实际上提高你的社交焦虑水平。如果是这样，不要担心。如果你现在不练习呼吸的话，我们后面会进行慈悲方面的练习。但练习是有帮助的，即使一开始只能做几秒钟，在接下来的几周里，练习持续的时间也能逐渐变长。练习可以帮助你适应这些感觉。

自我反思练习：正念呼吸

你的呼吸怎么样？

___

你注意到了什么？

___

> 你是否感觉行动变迟缓了,感觉身体变得重了一点,你是否注意到椅子正在支撑着你?
>
> ___
>
> 那些分心的想法怎么样了?
>
> ___
>
> 温柔地把觉知带回到呼吸上,是什么样的感觉?
>
> ___

分心的想法(在正念练习中通常被称为"心猿")、令人烦躁的身体疼痛或瘙痒及其他种种,这些都是冥想练习的一部分。你可能发现自己在为即将来临的社交场合而担忧,这种担忧已经持续了一段时间。你可能已经开始责怪自己被担忧分散了注意力。

> 如果你责怪自己,你会说什么?
>
> ___

著名的冥想老师,《当生命陷落时》(*When Things Fall*

Apart）一书的作者佩玛·丘卓开玩笑说,"糟糕的冥想"。毕竟佛教的教导是:我们的经历如其所是。我们没有时刻试图放松,改变任何事情或达到任何目标,尽管我们知道从长远来看,这个练习会减少社交焦虑,让我们更好地控制自己的精神世界并增强幸福感。它只是温柔地、嬉戏地将觉知带回到呼吸上。在这个过程中,我们注意到了疯狂的心猿:它们要去哪里,它们在思考和想象什么,当我们只是坐在这里冥想的时候,它们让我们想起了什么。

练习

现在,如果你觉得准备好了,设想一个会引发社交焦虑,但只是轻微焦虑的场景。花点时间在脑海中想象这个场景。注意到你在想象的时候,焦虑水平有所上升。现在,再做一次正念呼吸练习,简单地记下焦虑的想法,将觉知带回到呼吸上,反复这样做。如果你已经试过在平静的状态下进行呼吸练习,这将有助于你做这个练习。如果这个练习引发了强烈的焦虑感,你可以允许自己"选择退出",等以后更有经验时再做。

在你尝试了这个练习之后:

> 你注意到了什么?
>
> 你注意到自己的焦虑有所减轻了吗？你的感觉平静下来了吗？你的身体安定下来了吗？

如果没有，没问题。你可以进行一段时间的正念呼吸，然后再试一次。

培养正念状态

你也可以在任何时候培养正念状态，把觉知带到呼吸上，带到此时此刻。在车里等红灯的时候，在泡澡或淋浴的时候，或者在医生或牙医的办公室里等待的时候，你都可以尝试这样做。试着从一两分钟延长到 5 分钟、10 分钟，然后也许到某个时候，甚至每天定期练习 20 或 30 分钟。许多冥想老师建议将 30 分钟作为临界值，人们可以注意到其对于他们一整天的平静程度的影响。在我们忙碌的生活中，这样做很有挑战性，持续下去是很困难的。如果你抽不出

20~30分钟，那就在早上做5~10分钟，并尽量挤出额外的时间。我注意到了，即使我不能连续做30分钟，但当我把一天中做的所有小片段都加起来的时候，我做的也比自己以为的要多。

有些人喜欢用咒语来集中注意力，比如"和平""平静"或"爱"这样的词语，或者专注于一支蜡烛或一朵花。禅修者经常从1开始连续数到10，然后重新开始。吸气时数1，呼气时数2，接下来吸气时数3，呼气时数4、5……一些冥想者会倒着从10数到1。用这种方式集中注意力，可以帮助大脑减少社交焦虑的想法和情绪或对于即将到来的社交活动或展示的担忧。你可以聆听冥想铃或颂钵音乐，有助于进入冥想。我最喜欢的是卡玛·莫菲特的《慈悲金钵》(*Golden Bowls of Compassion*)。

正念减压课程中教授的一个意象是一棵茁壮的橡树，树根深深扎进地下，树枝轻轻摇曳。我们的想法和感受则是秋风中飘落的树叶，而我们只是看着它们。另一个意象是看着树叶顺着小溪漂流。

行走冥想

另一种加深对当下的觉知的方法是在移动或行走时将注意力集中于身体的感觉。在行走冥想中，感受脚跟触碰地面的感觉，接下来是脚掌，然后是脚趾。注意你如何抬起一只脚，同时以同样的方式，带着同样的觉知，放下另一只脚。如果你愿意的话，现在就试试吧，仅仅是对行走的感觉保持觉知。看看你注意到了什么。如果你愿意，并且此刻天气很好，那就走到户外去，感受一下在户外进行正念行走是什么感觉。注意你的感官是如何被各种颜色和声音，以及紧贴你皮肤的空气唤醒的。按照你自己的节奏，以一种让你觉得舒服的方式来做这些事情。你可能会注意到，你的害羞和社交焦虑水平在上升，你肯定会注意到分心的想法（就像我们所有人一样），可能尤其是害羞。再一次，温柔地把觉知带回到此刻的行走上。

自我反思练习：了解冥想对你的作用

冥想有什么吸引人的地方？

你觉得什么对你形成了障碍？

有没有什么克服障碍的办法，比如改变冥想的地点或方式，或者找到对你有吸引力的冥想引导？

> 哪种冥想对你最有吸引力,是什么让它有吸引力?

从正念呼吸到舒缓的呼吸

你已经练习了一段时间的正念呼吸和正念行走,现在你可以专注于刻意放慢呼吸节奏。正念呼吸和正念行走也许会让你进入平静状态,也许不会,如果你的分心想法非常活跃的话。因此你可以尝试刻意地集中注意力,用舒缓的呼吸节奏让自己平静下来。

想象一个对你来说很有挑战性的社交场合,或者一个你想避免的社交场合,也许是一个聚会、一次小组会议,一次邻里相聚,或者下班后跟其他人一起外出娱乐。你只要在阅读以下部分时选择一个社交场合就行。

温柔地关注你的呼吸动作,想象它正以一种平静和关怀的品质抚慰你的整个身体。你的呼吸可能会变慢,感觉呼吸得更深、更充分,你可能会注意到呼吸更加流畅了。当你走神的时候,只要注意到自己的走神,并让注意力重新回到呼吸的舒缓上。

有意的放松

紧张不是坏事，也不是要抵挡的敌人，而是身体以一种可以理解的方式在学着保护我们，让我们做好行动准备。当紧张以无益的方式出现时，我们只需要帮助身体明白，这个时候不需要行动，休息是安全的。此刻，就在你读这段文章的时候，没有什么社交需求，没有什么社交活动需要你去准备，也不需要努力去维护自己的权利。你现在就可以练习放松，就这么坐着或者躺下。

找一个你觉得舒服的姿势，温柔地将觉知转移到呼吸上。如果你感到紧张或有些微的不适，不要担心，尽你所能让自己舒适地呼吸。花点时间找到自己的节奏，然后温柔地将觉知转移到腿部，花一些时间注意它们有何感觉。现在想象腿部的紧张感向下流到地板上，然后流走了。让它去吧。当你吸气时，注意到任何紧张感的存在，然后在呼气时想象紧张感通过腿部离开身体，流到地板上。想象你的腿在紧张感离开时感到高兴和感激，甚至对你微笑。带着善意，让紧张感就这样离去吧。现在将注意力集中于你的躯干，从肩膀到下背部。当你吸气时，注意到紧张感，在呼气时感觉紧张感向下滑落，通过地板离开。你的身体十分感激，而你对它满怀善意。感受身体的快乐。

现在将注意力集中于指尖，然后向上伸展手腕、前臂、肘部、上臂和肩膀。想象紧张感在释放。慢慢地让它释放，感受它滑下你的身体，向下穿过地板。现在，想象你头部和颈部的紧张感。这个区域是你的早期预警系统——对于即将到来的需要你表现的社交场合，你感到害羞。现在，你可能需要那种紧张感被释放，让你可以休息。当你呼气的时候，想象它从你身上滑落，进入地板。现在把注意力集中在全身，吸气，在呼气的同时专注于"放松"这个词。感觉你的整个身体变得更加松弛。如果可以的话，花 5 分钟做这个练习。如果刚开始的时候，时间短一点感觉更好，那也没问题。结束练习的时候，你可以深呼吸，四处走动，举起手臂并伸展它们。注意身体有何感觉，以及它是多么温柔地感激你花时间释放它的紧张感。

自我反思练习：舒缓的呼吸

用舒缓的呼吸节奏来抚慰自己是什么感觉？

_____

刻意放松身体是什么感觉？

_____

你可以随时进行这些练习。如果你在一天结束的时候感到紧张，或者在工作中、跟配偶或朋友发生冲突后有残余的紧张感，或者对公开演讲感到焦虑，或者没有表现得像你希望的那样自信，这些练习可以帮助你入睡。

记住，你会在做练习的时候走神。只要温柔地让觉知回到舒缓的呼吸上，并释放身体的紧张感即可。略带慈悲的微笑会给你奠定友善的基础。专注于自己的身体，你就会更加意识到紧张感存在于哪些部位，觉知到这种紧张感，你就会自发地开始释放它。如果你对自己的身材感到羞耻，或认为别人觉得你太胖、太瘦，或者就是身材不佳，可能就很难做到这一点。拒绝自己的身体有时会让你感到极度害羞和缺乏社交信心。刻意的放松练习有助于减少这种倾向。随着时间的推移，你可能会把自己的身体当作一个让你感兴趣的朋友，你可以养育它、照料它和帮助它放松。你可能会发现你对身材的焦虑降低了，因为你接受了它，并且关心它。此外，如果你不对自己的身体抱有极其强烈的自我意识和挑剔心态，你就会有更多的自由去注意别人身上有趣和吸引你的地方，而他们反过来也会注意到你身上让人感兴趣的地方。他们会和你，而不是和你的自我意识或自我关注交流。

在想象紧张情境时进行刻意放松练习

可以的话，现在就花一点时间来刻意地放松身体。如果有条件，你甚至可以用整整 5 分钟来做这件事。想想上一次让你感到焦虑的情况，你即将和一个刚认识的人展开交谈，或者在工作会议开始前对自己承诺至少要在会上发言 1~2 次。或者，回想一下跟某人发生冲突后剩余的紧张感，或在一次充满挑战的社交活动没有像你希望的那样顺利进行后挥之不去的焦虑或羞耻感。或者某一次你觉得自己为了避免焦虑而太快离开了某个场合。记住你身体的感觉、你的情绪、你的想法。如果你可以想象这个事件，那就按照前面的说明释放身体的紧张感。如果你发现自己变得更加焦虑了，那就试着想象一个比你所选择的场景挑战性更小的情境。在进行更有挑战性的练习之前，先从略微令人不安的情形开始是有帮助的。

放松活动

有时你可能做不到坐着或躺着把注意力集中在呼吸上，尤其是当你在与经理进行了一次令人失望的会议，与同事发生冲突，或与配偶或朋友产生分歧后感到焦躁不安的时候。在这些时候，一些身体活动可能会有所帮助：洗碗、洗衣服、照顾植物、跑腿或者骑自行车——一些能带来某种成就感的事情。

> **自我反思练习：放松活动**
>
> 你做什么活动来让自己放松？
>
> _____
>
> 你觉得哪些活动最有帮助，你想尝试哪些活动？
>
> _____

感官集中

吉尔伯特和苏·普罗科特在他们的抑郁症小组中发现，将注意力集中于呼吸或身体之外的具体事物可以帮助人们开始正念练习。他们使用网球，这样来访者可以在练习舒缓的呼吸和注意力时，专注于球的纹理、形状和表面的手感。他们收到了小组成员的一些有趣的反馈。"抓紧你的球——我们要正念了！"

你也可以使用像念珠或光滑的石头这样的东西，在练习舒缓呼吸的时候把它们拿在手里。气味也可以作为某种基础。有些人会在冥想的时候焚香，冥想大厅里经常会焚香。另一些人则使用薰衣草等香薰油。心理学研究表明，我们使用的感官越多，就越可能专注于我们正在做的事，这反过来又会促进新的心智状态形成。你可能想尝试使用上面列出的物品进行感官集中练习。当你以冥想的姿势（挺直背部，坐在椅子、坐垫或凳子上）找到自然的呼吸节奏时，只需将注意力放在物体、声音或气味上。你也可以在练习正念呼吸时从一种感官转移到另一种感官，在每一种感觉上停留几分钟。

在感到害羞或社交焦虑时，比如期待和某人见面喝咖啡，或者和新朋友约会的时候，你也可以尝试感官集中练习。你可以提前进行练习，这样焦虑感就不会过于强烈。从前面提到的物品中选择一个进行练习。尽可能地去觉知你的焦虑，不要压抑它。然后在练习正念呼吸时，专注于你选择的物品。如果焦虑感过于强烈，那就只做练习，不要把它和社交焦虑联系起来。

自我反思练习：选择适合自己的练习

目前最吸引你的是以上哪项练习？

_____

_____

是什么让它们对你有吸引力？

_____

_____

在日常生活中关怀自己

拥有安静的独处时间来关怀自己和恢复活力,这是很重要的,但我们在匆忙的生活中往往很难找到这样的时间。不管是点着蜡烛静静地沐浴,还是听音乐、读一本书,或者只是坐在那儿看窗外草木葱翠,这些帮助我们缓解压力的时刻都很难获得。如果你要去做一项具有挑战性的社交任务,比如在聚会上结识新朋友,在工作场合做公开报告,或者在同事面前坚持自己的主张,那么我鼓励你在前一天晚上尽己所能地关怀自己。我也建议你在完成具有挑战性的社交活动后给自己一些时间来恢复——尤其是如果活动令人失望的话——比如第一次约会,在聚会、研讨会或商务会议上接近某个小群体,或者如果你在活动中表现不错,但之后感到还有压力残留的话。这些小练习可以极大地帮助你保持平衡。

观察想法和情绪,使用更多自我支持的陈述

我相信你很熟悉在社交要求高、具有挑战性的情境中,你的想法和情绪飞驰的速度有多快:"我真不敢相信那家伙刚才对我说的话!我已经厌倦了总是要配合别人,而他只是大摇大摆地进来,指望我包办一切,然后把功劳占为己有!"或者"我肯定通不过这次面试。我不善于表达自己。他们永

远不会雇我的！"

把这些想法放在一个更具支持性的环境中，可以让人平静下来："哇，我既愤怒又沮丧。""我真的很害怕，但我知道这些自动化的想法和情绪不一定反映了现实情况。""我可以有这样的想法和感觉，但为了我的长远利益，我还是会做需要做的事情。我可以练习在同事面前坚持我的主张。无论结果如何，我都会从这次经历中吸取教训。"

正念性爱

当我们感到害羞的时候，无论是与潜在伴侣还是长期伴侣发生性关系，我们往往都会感到不自在，或在表现的时候感觉有压力。与此同时，消极的自动思维和对失败的恐惧会让我们分心，以至于我们感觉与自己的身体隔离了，感受不到性快感。真正干扰性唤起的并不是焦虑，而是分心的想法和对自身表现的担忧。我们可以在感到焦虑的同时享受做爱，因为我们的感官还在正常运作。我不知道你怎么想，但是对许多极度害羞的人来说，这是一个巨大的解脱。如果跟某个可能成为伴侣的人约会，我们会希望性爱尽可能地美好，不想因为担心焦虑可能造成的干扰而分心！

男性是否产生了性唤起是肉眼可见的，但对于敏锐的伴侣来说，对方是否放松和享受性体验，通常也是显而易见的。学会正念意味着我们可以时时品味自己的享受和快乐，以及伴侣的享受。我们可以只是专注于每一刻的快乐，让高潮自然到来，而不是为了高潮而争分夺秒，担心性唤起是否能够持续到高潮来临。正念也揭示了高潮只是性的一部分，即使没有高潮，在任何特定的性爱过程中，触摸和亲密也是非常有益的。这种接触和亲密会刺激催产素分泌，即前面提到的哺乳动物的激素。这种神经递质与信任、爱和高潮有关，它的存在反过来也会促进性唤起，因为我们感到安全。如果今天我们没有达到高潮，那么下一次性爱可能会更加令人兴奋和满足。这是密宗性爱的基础，它有助于人们理解性爱的过程，并减少对性爱的社交焦虑。

更多的练习

当我们为一天中所有令人愉悦的小事心怀感激的时候——第一杯咖啡或茶，晨起淋浴，晚上泡澡，涂了黄油和果酱的烤面包片，门外花园里的鲜花，看书——我们有一个众所周知的选择，即把玻璃杯视为半满的还是半空的。

专注于半满而不是半空的角度

就在今天，试着专注于半满的角度。如果你习惯性害羞、孤独，那么你可能会经历轻度的慢性抑郁状态，人生观也比较消极。这样的话，我们通常就会假设杯子是半空的。对于习惯性害羞者来说，这是一种常见的经历，如果你也属于这种情况，那么做这些练习就特别重要。只要吸气、呼气，把注意力放在那些令人愉快的小事的点滴细节上。别再对未来和社交表现得忧心忡忡，也别对过去令人失望的社交活动感到后悔。把它们替换成对此时此地的觉知，这样做可能会变得越来越令人愉快，并且这种聚焦于当下的觉知状态会持续更长的时间。只要学会注意以新的方式刺激我们的心智，并在大脑中建立新的模式。

再花一天的时间，关注出现在你生命中那些人身上所有让你感激的地方，包括你的爱人、同事和朋友。花点时间感激他们所拥有的、让你喜欢或钦佩的品质。想想人们为你做的、让你的生活更轻松的所有事情：汽车修理工、送报人，让你可以在新的一天开始时享用新鲜水果的本地商贩。告诉人们他们有哪些地方让你感激或欣赏怎么样？我记得当我还是个年轻母亲的时候，我和一个女人住在一条死胡同里，她很能干，可以成为一个好朋友，但她对所有的朋友和邻居都很专横和挑剔。我发现，当我开始承认她的优点时，她的态度软化了许多。这似乎减弱了她解决包括我们所有人在内的一切问题的冲动。通常，如果你习惯性害羞并且感到不自在，那么你会非常担心自己的社交表现，你会在预演和反复回想的时候把注意力完全放在自己身上，以至于忽视了他人身上让你欣赏和喜爱的地方，也忽视了你的周边环境和日常乐趣。

通过这些练习，你可以不断地锻炼自己去拒绝威胁/自我保护系统。这个系统不断地警告你，你的杯子是半空的，它试图通过这一方式来照看你。但现在你要刻意地调动自己的注意力来刺激情绪/思维系统，从而触发促进愉悦感、舒缓感，以及平静心态的大脑模式。你还要记住，这些练习是关于如何好玩和友善地对待自己，并体验自然的快乐的。它们不是关于你"应该"和"按理应当"如何感受或思考的。你只是训练大脑，以培养你天生就具有的快乐能力。

自我反思练习：在生活中形成正念

关于正念性爱，你想记住的最重要的方面是什么？
_____

上面列出的练习中，哪些是你今天或明天想要去做的？
_____

可能会发生什么

有时,当我们做这些练习的时候,悲伤、恐惧、社交焦虑、受伤和愤怒的感觉会浮出水面。这是完全自然的。如果它们浮出水面(很有可能),那只是你的自我意识不断增强的过程的一部分。你只需去注意它们是什么,花一点时间聆听它们的声音,然后温柔地把觉知带回到呼吸上。如果你把这作为静坐和/或行走练习的一部分,你会发现自己体验到突然的领悟,通常是在一次练习结束后,有时则是连续几天在练习的时候不断出现特别的想法和感觉。你会发现害羞的体验对你产生了更多的意义。你可以把自己注意到的东西保留在记忆中,然后将觉知转移到呼吸上。你可能会发现,你现在的害羞和社交焦虑与以前的经历有关。我认为这就是正念社交适能。就像进行身体适能和社交适能的训练一样,我们也可以通过每天练习来培养情绪适能、情绪调节和情绪平衡。

如果练习中产生的感觉很强烈,那么跟一个你信任的人交谈是很有帮助的,这个人可以是治疗师或冥想老师。你也可以在你的社区里寻找正念减压培训班或者参考一些书籍,比如史蒂夫·福兰尔斯写的《克服害羞的正念之路》(*The Mindful Path Through Shyness*)。可以的话,试着在你相对平静的时候进行练习,因为你可以更轻松地在培养觉知的同时，练习注意想法和感觉并回到呼吸上。越多地进行正念练习，随着时间的推移，你就会发现，想法和感觉的强烈冲击过后，通常是强度较低的、更安静的观察状态。这是非常令人满足的。

我们学到了什么

我们现在正走在一条发展慈悲和平衡心智的道路上。

- 当你培养正念和放松时，以及做这本书中剩下的练习时，记笔记或日记是有用的。
- 每天的正念练习对于接纳社交焦虑而不抗拒或抑制情绪非常有用，同时还能培养慈悲的关注。
- 在使用自我支持的想法时观察想法和情绪，这可以帮助你保持心智平衡，慈悲地对待你的害羞和你自己。

在下一章，我将描述如何使用平衡和慈悲的关注来处理干扰性的痛苦想法和感受。以这种方式来应对害羞，作为健康社交适能的一部分，会让人信任和接纳自己，同时为实现人生目标的行为承担责任。我们还将讨论使用慈悲心训练的练习进行写作的重要性。

第五章

学习使用慈悲意象技巧

使用意象和思考的慈悲心训练

在本章中,我们将继续运用想象(我们的慈悲技能之一)来抚慰自己,帮助我们在大脑中形成慈悲模式。这有助于我们控制某些残余的旧脑进化模式,这些模式可能会干扰我们追求生活中真正想要的东西(见第三章最后一张图)。

在这个过程中,我们会激发有助于我们应对生活挑战的身心状态,这些挑战包括害怕接近他人,害怕在这样做的同时还要处理我们自身的人性弱点。感到害羞时,我们害怕接触别人会让自己失望和受伤。我们害怕别人批评我们或发现我们的不足,害怕在跑步俱乐部里或者在第一次约会的时候不能给人留下我们迫切想要留下的印象。

虽然恐惧是威胁/保护系统的一个自然组成部分，但与他人的亲密是满足和充实人生的前提条件。没有人与人之间的亲密，我们就会枯萎，甚至有时会死去。由于包括生物学气质和环境条件在内的各种各样的原因，我们能够敏锐地意识到被人类排斥的后果。这种敏感既是天赋，也是诅咒。

事实上，我们有时就是会失望。我们会受伤、被拒绝。并且，只要我们继续参与，不断接触、学习，更好地了解他人和自己，我们就能继续前进，再次尝试，过上丰富而有意义的生活。同时，我们会感觉真正地活着，与他人、与自己连接在一起，茁壮成长。所以，在这一章我们将通过发展自我舒缓系统来练习情绪和慈悲的社交适能，以帮助我们处理自身经验并从中学习。

> **自我反思练习：自我慈悲如何帮助你与他人相处？**
>
> 你认为如果你能对自己有更多的慈悲心，那么你在接触其他人，和他们相处时会有什么不同？

通过这些练习，你会相当快地体验到自我友善和温暖的感觉，但是如果你没有，也不要担心。人们对这些练习的接受速度各不相同。这没关系。重要的是你要与自己的时机和节奏保持联系，找到最适合你的练习。

练习：渴望平静，专注仁爱

在这个练习中，我们将练习对平静的渴望。找一个安静的地方，让你可以在保持警觉的同时，采取你喜欢的姿势，无论是坐在椅子上、垫子上，还是冥想凳上。背部挺直，身体舒适。一开始你也可以躺下，如果这样做让你感觉更好。感到喉咙深处含着一丝笑意，然后将注意力放在自己温柔、慈悲的面部表情上，花点时间研究这个。如果一开始对你来说比较难，有些人觉得音乐有放松作用，或者像我之前提到的冥想铃或颂钵的声音也可以。

这个练习主要是培养对自己的仁爱之心，以及培养摆脱任何精神上的不安或痛苦的渴望，包括与害羞和社交焦虑有关的痛苦。"愿我快乐，愿我健康，愿我免于痛苦"是佛教基本的仁爱冥想。吉尔伯特建议让这些短语指向你的内心，提醒你，你刚刚在这里发现了自己，在生命之流中被创造出来，就像我们所有人一样，并且意识到对平静、善良和满足的"深切而真实的渴望"。专注于从痛苦中解脱，处于幸福的状态，熟悉自己对平静的渴望。请注意，你的这一部分是明智和关怀的，而不是因担心被批评或评判而陷入反复思虑，精疲力尽。你可能会说:"只要能从社交焦虑和担忧中解脱出来,怎样都行。"明智之处就是不要担心,就是平静以待。

另一种稍微复杂一点的冥想是这样的:"愿我快乐,愿我远离内忧外患的源头,愿我强壮而健康,生活安逸,愿我从苦难中解脱,愿我平静。"我喜欢这种简单的冥想,觉得它是开始练习的一个很好的方式。只要你尝试时,就会发现什么做法最适合你。

如果可以的话,花大约五分钟的时间专注于这些短语,一遍又一遍地在脑海里重复它们。然后在慈悲日记里写下你的想法/反应,以帮助你记住你的体验。如果可以的话,认真思考你的体验和领悟。你注意到做这个练习有什么阻力吗?可能出现的常见想法包括:"我不配得到平静","这很难","我可能会错过一些东西","在别人眼里我可能没什么价值","这对痛苦的害羞毫无帮助","我不能放松警惕",或者"我会变得太脆弱"。只需抱着兴趣去注意你的想法和感受,包括意识到自己对幸福的真实渴望是什么样的感觉,然后花点时间写下你注意到的东西。

自我反思练习:简单的自我慈悲冥想

你注意到了什么?

_____

> 你有什么感觉?
>
> 你能感受到自己对幸福的渴望吗?

练习:平和的快乐

增加快乐,这会把练习与驱动/兴奋系统联系起来,并刺激大脑中的另一个模式,该模式和那个与舒缓/满足系统单独相关的模式稍有不同。

当你做这个练习(以及其他练习)时,你会发现自己在走神。只要让注意力重新回到平静与快乐上即可。你可能会注意到你的一些想法与对害羞或社交焦虑感到不安有关,或者发现自己沉浸在自认为的社交失败中。这都会阻碍你通往自我慈悲和幸福的道路。只需注意到这些想法,然后温柔地让觉知回到平静和快乐上。

有时我会害怕平静和快乐,因为我害怕它会导致对责任的忽视。我害怕自己会失去成就动力,或者忽略一些重要的事情。尤其是在极度注重成就和超个人主义的西方社会,我们当中有多少人害怕感到满足,害怕不再积极上进,害怕失去动力?或者害怕我们不再继续努力接触他人和交朋友,害怕我们对于潜在的社交威胁信号失去警惕?

幸运的是研究表明,平静和快乐会让我们更乐于去达成目标和建立彼此间的联系。如果可以的话,带着发自内心的微笑,去释放对于恐惧满足的全部担忧。在这一刻,允许自己心存感激,因为作为一个独特的个体,你正在学习什么最适合自己。你也可以提醒自己,你想要继续培养平静快乐的状态,即使面对自身的阻力。在笔记或日记里写下你在练习后产生的任何想法。

满足和追求目标

满足并不意味着不再致力于实现生活中的重要目标,无论它是一项事业还是一种有意义的生活方式,或者仅仅是为了拥有最好的人际关系。一些研究表明,经过8周的正念减压(也就是前面提到的冥想法)培训后,人们的社交焦虑减少了。这些成果现在得到广泛传播,正在对西方国家人们的思想和行动产生重大影响。在欧洲、美国和世界各地,越来越多的人定期去冥想静修中心,并努力将这些实践融入可持续发展的企业和非营利组织中。

然而,我们需要小心,别把保持平静和达成社交目标联系起来，比如在群体中发言、邀请某人共进晚餐、在工作场所发起社交谈话，或者和经常见面但从未打过招呼的邻居交谈。

我清楚地记得那一刻，我意识到竭尽全力去争取我想要的东西，即使明知自己可能永远都得不到它，这对我来说就是通向有意义的人生的道路。不管我是在攻读学位、做研究还是寻找人生伴侣，最重要的是努力，而不一定是取得成就。我总是会知道，我已经尽了最大努力。那时我没有意识到，平静和快乐也是我追求的一个重要组成部分。快乐来得很早，但我花了更长的时间才明白，平静和满足也可以同时存在，我不需要那么有干劲。

自我反思练习：设定目标

你现在的目标和价值观是什么？
_____

你在生活中想要为自己获取什么？什么对你来说是真正重要的？
_____

你想做出什么贡献？
_____

在诊所里,我们问自己:"我想成为什么样的人,我想怎样成为?"你可以在笔记或日记中对这些问题做一些额外的记录,来帮助自己理清思路,也许这些记录还能指导你的实践。

练习的注意事项

当你运用想象力做这些练习时,请记住,意象并不像清晰的照片或录像。它通常只是稍纵即逝的印象,包括感觉、语调、声音或主观感受。重要的是你产生的感觉或感受,而不是唤起这些印象的刺激。如果你很难生成自己的意象,你可以从任何东西开始。在某些时刻,你一定要尝试生成自己的意象,部分原因是生成自己的意象可能会带来重要的领悟。所以你要友善、温柔地对待自己,接受出现在你脑海中的任何意象。

练习:运用记忆

这个练习将帮助你利用记忆对自己产生慈悲心。使用与你在前面的练习中使用的相同或类似的姿势,背部挺直,让自己对呼吸保持觉知,并注意到它在不久后加深。试着回忆某人友善、关怀和温暖地对待你的时刻。如果做得到,就专注于具体的细节。这可能是某次你感到害羞的时候，某人向你伸出援手，或者把你拉进一个小团体的交谈中。你所要做的就是重现自己在体验他人善意时的感受。把注意力集中在面部表情、语调和整体态度上。记住尽可能多的细节。你对他们和你自己的感受是怎样的？你能在身体里感觉到它们吗？感受它们流向自己。花几分钟时间真正体验一下那是什么样的感觉。完成后，在日记中记下你的体验，以及再次进入那种体验的感觉。

现在回忆某个你对别人产生善意的时刻，慈悲在你心中升起，然后流向他或她。回想一下你对另一个处于困境的人给予温暖、友善和关怀的时刻，也许是另一个感到害羞或因为忘记别人的名字而陷入尴尬的人。再次强调，要避免回忆大的痛苦，因为那样会带出更多复杂的情感，比如焦虑、不确定或"需要拯救"的感觉。专注于感受自己的温暖和善良。你想让别人体验幸福和温暖，因此善意从你身上流淌到他们身上。回忆越详细越好，包括声音、面部表情、情绪，并尽量专注于感官细节。如果你没有产生任何感受，那也没关系，你只要在产生感受时注意到它们就可以了。

完成以后，把你的想法和感受写在日记里。其中一个练习是否比另一个更容易，是流入还是流出？善意与哪种情况有关，是其他人在你感到害羞时友善地对待你，还是你认为另一个人可能会在社交场合感到害羞，于是友善地对待他？

最后，善意是如何产生的并不重要，重要的是感受到善意和关怀带来的温暖。

练习：渴望他人的幸福

现在你可以尝试做一个想象练习。在佛教修行中，你从自己关心的人开始，使用前面提到的一个版本的措辞：愿你快乐，愿你健康，愿你免于痛苦。

试着去看到所爱之人的脸，想象他们的笑容、动作和声音。你渴望他们快乐、平静、免于痛苦，对源于这种渴望的感受进行探索。记住，就像我们一样，他们只是碰巧发现自己在这里，并且尽力做到最好。你可能会对他们感到温暖，或者发现有其他的感受产生。你可能会担心他们，或者为他们所遭受的损失而难过。如果可以的话，在日记里记下你产生的不同感觉。你将继续探索这些情绪状态是如何刺激不同的大脑模式，并且它们也是富有意义的经历。如果愿意的话，你可以先从某个被你视为恩人或导师的人开始，也许是你在精神道路上的重要向导，或者帮助你克服害羞，鼓励和支持你的人。然后，转向更亲密的爱人。在不同的传统中，开始这一练习的对象可能有所不同。哪个对你来说感觉更舒适、自然，就选择哪个。试着分别花几分钟做每一个练习。

我们可以从最亲近的人开始做这些练习，可以基于血缘关系或主观选择，然后把仁爱的范围扩展到朋友们。想象他们的面容和其他特质，尽可能详细地描绘他们的微笑和有趣的怪癖。把仁爱和祝福传递给他们，希望他们快乐、健康、免于痛苦。花几分钟时间，让自己感受到你希望他们满足和快乐的愿望。尽你所能，将他们的幸福与安宁形象化。如果走神，注意思绪去了哪里，然后温柔地把觉知带回到仁爱冥想上。

现在将注意力集中于那些你不太了解的人。他们可能是你的邻居或熟人，你对他们的感受是中性的，既无好感也无恶感。他们可能是你在邮局或超市见到的人、在工作时路过的人、在网球场或本地公园遇到的人。向他们表达仁爱和祝福，希望他们快乐、平静、免于痛苦。想象他们的幸福与安宁。如果走神，注意思绪又去了哪里，温柔地让觉知回到仁爱上——你对那些让你有中性感受的人的仁爱。

专注于那些让你有中性感受的人一段时间后，把仁爱延伸到那些你不喜欢的人，伤害过你或让你失望的人，让你心怀愤怒或怨恨，或完全视之为敌的人身上。对我们大多数人来说，这个练习更有挑战性，但可以很有启发和帮助。就像我们一样，这些人没有主动选择来到这里，没有主动选择他们的基因或早期环境，考虑到他们所处的环境和他们的理解力，他们尽了自己最大的努力。我们伤害了彼此，由于无知和对自己的思想及行为缺乏正念理解。试着以这种方式来对待那些让你感到尴尬、被拒绝、被轻视甚至羞辱的人，会特别有帮助。此外，你可能需要花一些时间，多次做这个练习，才能获得这样的体验。

现在花几分钟写下你的体验、你感到有阻力的地方，或者你在练习中感受到自我批评的任何时刻。回想一下你是如何处理抗拒或消极情绪的，以及你是否能把觉知带回到仁爱上。这确实是一项需要学习的技能，所以给自己一些时间来练习和学习。

自我反思练习：练习仁爱

你最喜欢哪个练习？
_____

哪个练习能刺激出最大的学习效果？
_____

有时，人们会报告说，自己突然从愤怒、怨恨和伤害的痛苦状态中解脱出来，这些痛苦曾经一直伴随着他们的生活。突然之间，另一个人的业力就只是他们的，而不是我们的。这可能是一种解脱，认识到世界上其他人行为的后果将由他们自己去承担。我们只需要管好自己的言行。练习仁爱

能帮助我们原谅彼此和原谅自己。我们并不试图摆脱与他人行为相关的消极情绪，而是要超越它们——直面过去和现在的伤害，过我们自己的幸福生活。

一个例子

我的一位教授曾经把他的某个朋友（一名"足球爸爸"）形容为他认识的最幸福的人。这个人经历过大屠杀，还在集中营待过一段时间。尽管受到了很大的创伤，但我的教授说他充满了快乐。最后，教授问这个人："你经历了那么多，为什么还一直这么开心？为什么你看起来并不怨恨？为什么你不因愤怒和你身上发生的事而挣扎？"他的朋友回答说："鉴于我所经历的一切，这里的人认为糟糕的事对我来说并没有那么糟糕。我知道什么才是真正让人难过的事情，那就是你所爱的人和你认识的人的生与死。其余都是小事。我每天都要感谢我的幸运星让我能够来到这里。我知道美好的生活是什么样，就是现在这样。为什么我要把时间花在愤怒和怨恨上？"

仁爱冥想的最后一步

在练习对伤害过你的人和你视之为敌的人表达仁爱之

后，你可把仁爱的范围扩展到世界上所有的人。当你练习的时候，让仁爱遍及所有生命。在佛教术语中，这包括植物和动物，以及所有形式的生命，并从我们的星球延伸到整个宇宙。做几分钟这个练习，然后写下你的想法和感受。下一次，你要准备好完成整个仁爱冥想，每个练习花几分钟，最后在笔记或日记中写下自己的体验。

吉尔伯特提到，一些抑郁的来访者不太接受"免于痛苦"这个说法。有些人宁愿说："愿我怜悯自己的苦难。"他们发现这么说更适合他们，有助于他们"勇敢地面对困难的事情"。如果你长期极度害羞和社交焦虑，并经历了巨大的痛苦，你可能也会有这样的发现。关键是要找到最适合你的冥想词。

当我们把仁爱延伸到所有的生命时，我们可能会感到悲伤，体验到一种分担了这个世界的悲伤的感觉。练习时伴随音乐，尤其是小调，会增加这种悲伤感。这让我想起玛丽·奥利弗的一首美妙的诗《当死亡来临》(*When Death Comes*)，奥利弗在诗中谈论面对生活中的失落和悲伤，度过充实的人生。

写日记

在日记中写下那种能够最好地刺激舒缓/满足系统，产生平静感觉的冥想词和音乐，这是有用的。你也可以开始收集最能表达这些情感的诗歌。

"只是到此一游"的或自我牺牲的诱惑

当我们害羞的时候，最大的诱惑就是回避人际关系的风险，因为害怕被拒绝和伤害而失去我们的生活，错过所有原本可以得到的美好和温暖，如果我们把温暖和爱传递给别人的话。

反过来，有时我们感到害羞，会觉得自己太有爱心、太顺从，结果被剥削了。我认为解决办法不是减少爱，而是减少自我牺牲。剥削你的人是出于无知、出于他们自己的不安全感，以及对过往伤痛的怨恨。你不必为了爱而容忍剥削：会有人爱你，不剥削你，并欣喜于你的自我照顾。通常你温暖的天性会把他们吸引到你身边。我们害羞的敏感性和发现捕食者的本能会很有用。我们可以冒险，同时明智地选择那些允许我们表现脆弱的人。这些人会认真倾听我们的感受，记住我们的价值观和需求，并在我们需要的时候出现。

练习：你的安全之地

在做其他慈悲练习之前，让我们先从想象一个你的安全之地开始。回到呼吸和我们一直在做的放松练习上来。这样做一会儿之后，想象一个地方，它能给你安全、平静和满足感，是一个让你感到精神集中和内心平静的地方。它可能随着你的心境或处境发生变化。它不一定总是同一个地方，但你可能会注意到，自己有一个或几个会一再选择的偏爱之处。拥有一个或少许几个安全之地可能对你有好处。

有些人选择室内空间，比如面对绿色庭院的安静房间，或者墙上挂着他们最喜欢的照片或绘画的房间。也许壁炉里有柴火在燃烧。有一些安全空间在户外，比如你披着第一缕晨光散步的海滩，白色的浪尖闪烁着光亮和暖意。也许是傍晚的海滩，夕阳斜照，把波浪染成深蓝色，空气中弥漫着漫长夏日结束时那种令人感伤的柔情。我的画家母亲过去常把它称为长阴影时间，她喜欢画阴影在树木和沙滩上缓慢移动时那种微妙的色彩。也许对你来说，最喜欢的是一次森林徒步，在那里你可以停下脚步，眺望远方的群山、感受空气。嗅闻松树和盛开的野花气味。头顶上有蓬松的白色云朵吗？还是远处有雨云正在聚集？试着用尽可能多的细节形成尽可能多的感官意象。

这是你的安全之地，它欢迎你，喜欢你在那里。它帮助你专注于对那里的归属感。它是你自己的，对你来说独一无二。感受它的欢迎吧。任何时候，只要你感到害羞、社交焦虑、孤独或悲伤、沮丧和怨恨，你都可以使用这个练习。如果一开始有点难,不要担心。培养想象力就像你学习其他技能一样。一开始你会觉得尴尬、奇怪,甚至傻乎乎的。但是随着时间的推移,这种体验通常会变成安全和放松的感觉。你可以随时让自己去到那里,甚至在打电话之前——你向自己承诺一定会打这个电话,请朋友下班后和你一起喝杯咖啡。这会特别有帮助,因为你可以在自己内心的安全之地打这个电话,一个可以接受害羞或社交焦虑的地方。你随时都可以回到这里,无论你的朋友这次能不能赴约。

自我反思练习:想象你的安全之地

当你想象自己的安全之地时,你注意到了什么?

___

有什么记忆浮现出来吗?是什么样的记忆?

___

当你需要安全之地时,你认为自己可以如何在脑海中呈现它?

___

想象一个慈悲的滋养型理想朋友来帮助我们克服害羞

当别人对我们友善时,我们通常会感受到来自对方的慈悲。当我们对生活中遇到的人——我们所爱的、认识的或不太了解的人——的痛苦感到同情并感同身受时,就意味着我们对他们怀有慈悲。

所以,让我们有意识地创造和培养一个慈悲的理想朋友,一个能够帮助你安抚自己的人。你要创造一个对你来说很特别的独特形象,它只属于你。它不需要成为除你之外的任何人的滋养型理想朋友,就像你有自己理想的房子或想去的理想地方一样。不要以任何方式退缩,给予这个朋友你渴望的每一种慈悲的属性或品质。

你可能会发现把这四种基本品质包括在内是很有用的:

1. 明智、充实的人类心智,非常了解情绪的强大力量,包括我们想要的和不想要的情绪,并且知道如何应对这些情绪;
2. 能够忍受痛苦情绪和状况的力量和坚韧,并且有能力在需要时提供防卫并保护你;
3. 给予你满溢的温暖和善意;
4. 对你不加评判的态度,首要愿望是让你幸福和茁壮成长。

慈悲的朋友是另一种想象和练习让慈悲感流入你体内的方式。这个形象也很有帮助，因为我们可以在努力解决害羞问题的同时，直接感受到别人对我们的慈悲。

再次进入一个放松、安静、不会被打扰的地方，保持舒适的姿势，挺直腰背，播放轻柔的音乐或吟唱作为背景，如果这有助于让你感到平静，觉知你的呼吸。再次以约45度角向下看，让眼睛停留在地面的某个点上，如果你愿意，也可以闭上眼睛。注意到呼吸变得更加均匀和舒缓，让脸上带着温柔的微笑，加入慈悲的表情。开始想象你慈悲的滋养型朋友。如果走神，温柔地让觉知回到慈悲朋友的形象上。

当你想起一个慈悲的滋养型朋友时，你会想到什么？你是否注意到一些稍纵即逝的图像、颜色、声音或纹理？你也可以想象一种颜色，它与流进你心脏的慈悲有关，然后扩展到你的胸部和全身，让你能感受到它在你胸口的温暖。花一分钟去觉知并认真思考这些意象。尽可能细致地想象你那位富有同情心的朋友，运用全部五感。你那位慈悲的朋友长什么样？他（她）的衣着和头发的颜色及风格如何？他（她）走路的方式是怎样的？他（她）的年龄和性别呢？你有没有想到一些声音，或者语调？有没有什么气味，比如某种特别的剃须膏或香水，雨后青草或者清晨散步时树林里的气味？也许是某种特殊的烹调气味？它也可以是某个让你有归属感的团体或精神共同体的形象。你可能有几个形象，随着你情绪状态的变化，形象也发生改变。不同性别或不同方面的人，来自你生活中的不同部分，他们的慈悲给你的感受也会有所不同。

想象你完美的慈悲朋友用友善、温柔，充满智慧和理解的声音缓慢地对你说话。这个人坚强、稳重，非常关心你的幸福。当你倾听的时候，你感到被关心和被理解。理想的滋养者理解并接纳你的害羞、社交焦虑和不自信。当你向别人伸出援手并在需要坚持自己时，他会一直在你身边。

如果你觉得你的生活中现在已经有一个真实的滋养者，这也没关系。重要的是在脑海中想象和创造一个理想的滋养型朋友。当你在社交中感到害羞和缺乏信心的时候，你可以用这个形象来帮助自己。这个朋友可以帮助你在社交焦虑感和羞耻感出现时接受它们，并让你确信自己的内在价值。

只要你愿意，任何时候都可以做这个想象你理想的滋养型朋友的练习，在淋浴或者泡澡的时候、在一天刚开始的时候、在等待参加某个会议的时候，或者在晚饭后无所事事的时候。重要的是要真正去想象理想朋友的品质，从而让他们进入你的觉知。

理想滋养型朋友的练习

现在，再次求助于你的理想滋养型朋友来克服害羞。

花点时间调整到舒缓的呼吸节奏，然后花一分钟想象你的理想型朋友就在你身边，理解你和你的害羞，接受你、关心你。

当你能感受到这种关怀时，想象你正在观看一个关于自己的视频。你开始了早上的生活，正在为新的一天做准备。然后想象自己处于一个激起害羞和社交焦虑的场合。看看那个人——就是你——正在经历紧张或者焦虑，可能是尴尬或信心不足。注意你所观察的那个人的感受——担心自己是否给人留下了好印象，想要退缩。

现在，感受你的理想朋友就在那个人身边（就像他们现在在你身边一样），理解他（她）的情绪，为他（她）加油，深切地关心他（她），并肯定他（她）的价值。感受他们对那个人的极大慈悲，那个人就是你——你在内心视频上看到的自己。

如果你发现自己变得过于焦虑或悲伤，做几次舒缓的呼吸，让形象慢慢淡去。当你重新平静下来以后，再一次开始这个过程。

这个练习可以帮助你产生拥有一个理想的滋养型朋友的感觉，这个朋友会显示出慈悲、智慧和深切的关怀……感觉它流入你的身体。他们的关怀可以帮助你抵消任何因威胁感而产生的焦虑、担忧、自我批评、沮丧或愤怒。

如果难以形成一个视觉形象，你可以看看杂志上那些描绘养育或慈悲的人物或场景图片。当你关注笑脸时，你开始注意到这些暗示，这对你的自尊有积极的影响。

有些害羞者不想创造理想形象，他们更喜欢真人的形象。这会帮助你记住那些待你友善的人，或者专注于你理想的滋养型朋友想要和你建立关系的意图。将注意力集中于真人的面部表情，有助于激活杏仁核和大脑其他部位的镇静反应。如果你童年时受过虐待，人类的形象可能会让你感到威胁，因此你可能想要使用动物形象，如马或狗，或自然场景。

自我反思练习：想象一个滋养型朋友

想象一个理想的滋养型朋友，是什么样的感觉？

如果想象这个朋友对你有挑战性，你觉得你可以在报纸和杂志上寻找一些关于友谊的例子吗？你会去哪里找？

练习：慈悲的理想自我

让我们来探索另一个使用意象的练习。慈悲心训练的这一部分旨在帮助你扮演一个慈悲的智者的角色：这个人已经存在于你的内心，但需要被接触和释放。在这个练习中，你要实践慈悲的身体姿势和身体状态。就像一个好演员一样，你要扮演并训练自己成为你理想中那个慈悲的人。你可能会想到一个榜样，这会有所帮助，但最终，你要接触和完善的是你内心那个慈悲的智者。这可能会帮助你以你自己的方式和节奏，成为你能够成为的最慈悲的人。

我相信，并且研究也表明，当你没有感到社交焦虑时，害羞的众多优势之一就是出自天性的同情和同理心。这些都可以成为你慈悲形象的基石，你可以成为一个慈悲的人，你就是一个慈悲的人。首先你要对自己有慈悲心，我看到我的小组中害羞的来访者通过言语和行为对他人表达爱的慈悲，却难以将这种慈悲扩展到自己身上。你内心那个慈悲的人需要对你有慈悲心，包括你的社交焦虑和对于被评判的担心。

让我们试试吧。轻轻地调整到舒缓的呼吸节奏，并保持一会儿。吸气时，感觉胸腔向两侧扩张。花点时间，直到你感觉有点"慢下来"。现在，深呼吸，想象你是一个极为慈悲和睿智的人。花点时间想一想你作为一个慈悲的人想要拥有的全部理想品质，想象你已经拥有了这些品质。想象自己坚强、自信、善良、热情、温柔。面对敌意，你冷静而宽容，你的智慧来自得之不易的经验。花点儿时间想象这些形象，想象自己拥有这些品质中的每一个。脸上带着慈悲的表情。想象你自己在说话。当你说话的时候，你的言语缓慢、友善、温柔，充满了智慧和理解。

你是否认为自己具备这些品质并不重要。你要专注于将它们形象化，想象它们，思考它们和它们的维度。觉知到你在多大程度上想要培养这些品质，并把它们作为你本身自然流动的一部分来体验。重要的是"试用"和想象。你正在进入一个角色，你在创造一种自我意识，你将用这个自我来帮助你克服害羞和社交焦虑。

你要考虑自己的年龄、外貌、姿势和位置、面部表情和内心感受，比如温暖和温柔。体验你自己，作为一个演员，开始扮演这个角色。注意到你自己正在形成这些品质。让你的面部表情温柔、慈悲，感受自己坦率、热情的微笑。你是一个睿智的人，见过世面，有远见，有深刻的理解和耐心。你是一个宽容的人，你不记仇。想想你所看重的那些与慈悲有关的品质，在你想象自己扮演这个角色时成为那样。

想花多长时间就花多长时间。享受练习的乐趣。它对你的身体、姿势和呼吸有何影响？对你的肌肉张力有何影响？你是更紧张了，还是更放松了？你是否注意到哪里有温暖感或凉爽感？你可以在任何时间、任何地点做这个练习：在淋浴或泡澡时，在公交车站、等着接孩子们下学时，或者躺在床上时。只要你想，在一天中的任何时候你都可以做这个练习。当你从一个活动或任务转向另一个活动或任务时，这个练习可能特别有帮助。在早上做一做，为你的一天定下基调。如果这个练习让你从一开始就感到不自在，甚至把过去的痛苦感受带了回来，无论这些感受是否与害羞有关，你只需要注意到这些感受，慢慢来。一开始你可以只做很短时间。后来，再次练习时，你会发现自己能坚持更长时间了。重要的是要真正去想象这些品质存在于自己身上。考虑到人类的状态和你独特的历史，无论你体验到了什么，这对你来说都是自然的和正常的。

自我反思练习：想象你的慈悲自我

在慈悲的理想自我身上，你注意到了哪些品质？
_____

你在练习中有惊喜吗？什么样的惊喜？
_____

对于你慈悲的理想自我，你希望培养它什么样的品质？
_____

练习：用慈悲的理想自我形象来帮助克服害羞

现在我们要用慈悲的形象来帮助自己克服害羞。开始这项练习前，花几分钟时间调整好舒缓的呼吸节奏。然后想象你再次成为睿智、坚强、慈悲的自己，花点时间进入角色。

当你感觉自己已经接触到慈悲的自我时，想象你正在观看一个关于自己的视频。也许你能看到自己早上正在起床，开始新的一天。然后看到自己遇到了一个让你感到害羞的情况。从你的慈悲自我那里，你感受到了对那个人的极大的善意，那个人就是你，你正在观看的内心视频中的人。

当你以慈悲的心智状态观察自己的时候，如果注意到自己变得过于焦虑或悲伤，就做几次舒缓的呼吸，让意象消失。当你再次感到平静时，你就准备好再次开始这个过程了。

这个练习旨在帮助你对自己的害羞和社交焦虑养成一种仁慈的态度，你要学会对你的焦虑和恐惧及其造成的困难抱有慈悲之心。这也可以抵消社交焦虑和威胁感带来的自我批评、愤怒和怨恨。

关于侵入性意象的说明

如果你的害羞和社交焦虑是身体虐待导致的（我们的一

些来访者确实会记住一些极其令人不快的事件,包括身体创伤,这导致了他们痛苦的害羞),你可能会注意到,在练习的时候出现了激发强烈紧张感的意象。当你回想起受到身体虐待和极度排斥的创伤性记忆并能够谈论它们时,你就有机会去适应这个痛苦,并发现它得到了缓解。

回避创伤性记忆及其产生的恐惧,可能会导致它们以非常可怕的侵入性意象、闪回或弥漫性焦虑的形式出现。如果你认为自己痛苦的害羞最初是由像身体虐待这类事情引起的,无论是学校欺凌还是家庭暴力,你可能需要咨询创伤后应激障碍方面的专业心理学家。训练有素的专业人士可以帮助你对这些记忆脱敏,这可能有助于减少你的社交焦虑。

练习:对威胁/痛苦的慈悲

如果你对某事感到苦恼,也许是对即将来临的与某人的会面感到恐惧,或者因为事情不如你希望的那样顺利而感到悲伤、羞耻或怨恨,试试这个练习。坐在椅子上或采用冥想的姿势,觉知你的呼吸,并注意到它变得更深和更有规律。感觉自己是一个极其慈悲、温暖的人,从不谴责,并且非常睿智。现在,想象在慈悲的你面前展现你焦虑或悲伤的那一部分。观察你的面容和行为,想象你在思考什么、感觉什么,只是将慈悲传达给你的这一部分,并不试图去改变任何事情。抑制情绪实际上会让情绪变得更加强烈和痛苦，所以我们想要体验它们，同时对我们的这些部分表达慈悲。认识到这些情绪来自威胁/保护系统，它们的功能是帮助你意识到你想要什么和不想要什么。如果你保持慈悲的立场去看待焦虑、悲伤或愤怒的自己，你可能会注意到那些对你有帮助的不同体验。

现在做同样的练习，想象你理想的慈悲形象就在你身边，和你一起看着你自己的那些部分。如果轻蔑、评判、鄙视的感受悄悄出现，留意它们，然后回到慈悲、同理心这个焦点上。做这些想象练习的时候，你可以用念珠，或徒步旅行途中发现的鸟羽，或海滩上找到的光滑石头让自己平心静气。触摸它们可以把你和理想的慈悲形象，以及你一直在练习的感觉联系在一起。气味，如熏香或护手霜很有用，因为它们能引发情绪脑的反应。香氛治疗师可以推荐一些被认为有舒缓作用的香味。你也可以使用咒语，即在冥想中反复说出用来刺激特定状态的一个词或短语。当你把手放在大腿上时，也可以让每只手的食指和拇指相触。

在大自然中选择一个地方作为你慈悲的他者

有一些练习旨在让你与生命之流的连接感融为一体，并接受所有的生命形式和过程。慈悲的方法也建议在大自然中选择一个你喜欢或偏爱的地方，无论是湖泊、山脉还是天空。尽可能多地想象出这个地方的感官细节。专注于水如何闪烁发光，如何滑过你的身体，无论它是温暖的还是清凉的。或者专注于太阳如何温暖你的身体，或是山间小径上松树的气味，或是宁静沼泽里野花的芬芳。你可以想象，大自然的这一部分完全接受你，知道你的挣扎和痛苦。它一直存在于地球上的所有生命中，目睹了一切，包括物种的进化和灭绝。感受自己与某种令人难以置信的古老和智慧之物连接，感受它欢迎并接受你成为生命之流的一部分。

自我反思练习：用慈悲的自我来帮助害羞的自我

接触到理想的慈悲自我形象是什么感觉？

___

你能想象在有社交挑战性的场合中，有一个慈悲的自我形象在你身边吗？

___

你慈悲的自我形象有没有什么办法可以帮助你考虑尝试自己一直在逃避的事情？如果有办法，你会怎么进行想象？

___

> 想象大自然中有一个地方是慈悲的他者,是什么样的感觉?

慈悲心训练和社交适能

我对慈悲心训练的看法与我对社交适能训练的看法一样。我们总是在训练中,在成为我们想要成为的人的过程中,冒着风险去认识并开始喜欢我们不认识的人,遵守我们的承诺,尽己所能爱我们身边的人——包括我们自己——在每时每刻。有趣的是,承诺本身就能让人感到安心和宽慰……即使我们做得不如我们希望的那么好,无论是慈悲心训练还是社交适能训练,比如与人见面和为自己发声。只要致力于这些练习,我们就总有机会再次尝试,慢慢做得越来越好。

正如我们从社交适能训练中了解到的,想象确实能帮助我们减少社交恐惧。我们对着镜子练习对话,想象我们面对的是一个真实的听众。我们设想对话的开场白,比如:"你住在这附近吗?"我们在脑海中排练整个对话,尤其是那些邀请别人出来约会的对话,我们想帮自己记住,要把约会的日期和时间实际确定下来。这些练习让我们平静下来,帮助我们在感到紧张的时候记住自己真正想做的事情。意象是一个经过充分研究的强大工具,运动员、演员和音乐家都使用它。当意象练习变成行为练习时,它还能帮助我们培养自信。

害羞和社交焦虑治疗的最终目标是在当下的人际交往场合中变得不那么恐惧。想象社交互动并不能代替实际进入具有挑战性的情境,并练习你想要的行为。然而,当我们在生活中实践我们想要的行为时,意象可以帮助我们感受到我们急需的慈悲、温暖和理解,包括对我们自己的和对他人的。

我们学到了什么

我们可以用意象来刺激自己内在的特定状态。我们关注的是舒缓系统,它有助于平衡威胁/保护系统,减少社交焦虑和痛苦的激发状态。

你可以用这些练习来更经常地对自己表达安慰和慈悲,并减少由生活中的遭遇所激发的痛苦。

如果你难以找到时间做这些练习,那就试着在入睡前、早晨醒来时、泡澡或淋浴时,甚至等红灯或在超市排队时进行练习。

如果你经常做这些练习，每天花一小段时间，或一周做几次，每次半小时，你可能会注意到自己感觉更好、更有力量了，这是因为你选择去创造特定的心智状态。

就像社交适能训练一样，这是一个持续终生的过程；你接受并驾驭生活给你的挑战，创造你想要的生活和情感。

以慈悲和不评判的状态进行练习。保持好奇心并享受它！

> **自我反思练习：你在哪方面进展顺利？**
>
> 有什么是你想要记住并一直保持的？
> _____

第六章

培养慈悲思维

心理适能

慈悲思维包括对于我们的极度害羞和痛苦的同理心和理解。在遇到挫折时,我们通过表现得友善和温暖而非自我批评来实践慈悲思维,将害羞视为人类状态的一部分,而不是孤立或羞耻的来源。慈悲思维可以提高心理和社交适能,在我们努力实现人生目标的过程中,把我们领向自我接纳、自我支持和转变。

用慈悲思维来处理情绪

用慈悲思维来处理情绪和激情是大多数心理治疗的一项

基本原则。随着时间的推移，这种做法已被证明有助于我们过上人道和有建设性的生活。

我们根据自身经验和社会关系构建关于世界的模型，乔治·凯利是最早证明这一点的心理学家之一。凯利认为，我们通过做出判断和价值归因推导出这个模型的结构。我们迅速而自信地给经历、人、群体、关系等贴上这样的标签："好/坏、友好/不友好、有吸引力/没有吸引力、复杂/简单、困难/容易"。我们忽略了还有许多不同的方式去理解、解释或标记一个事件、人或事物。我们简单地认为某事或某人是对的或错的，好的或坏的——没有微妙之处，没有灰色地带。这些结构构成了我们所思所行的基础。此外，我们希望确认自己的信念，而不是质疑它们。只要我们能对接收到的信息快速分类，生活就变得简单多了。相比不断地反思、深思和重新评估，前者对我们的要求要低得多。而我们的大脑也被设置为更善于快速做出"本能"的决定，尤其是在有潜在威胁的情况下。

我们也从所学和所经历的事情中形成自己的信念。其中一些信念关乎我们周围世界，比如汽车使用天然气或汽油作为燃料，或者蔬菜对人有益；另一些信念与我们对自己和对人际关系的感觉有关：我擅长打网球但不擅长高尔夫，我身体健康、富有魅力，其他人都喜欢评头论足。这些关乎我们自己和他人的信念构成了我们自我认同的基础，也塑造了我们互动的本质。这些关于自我和他人的信念对害羞很重要。花点时间思考一下你如何看待自己作为一个社会存在是值得的。例如,思考你对自己在新环境中的表现的看法。

> 自我反思练习:你如何看待自己?
>
> 你如何看待处在新环境中的自己?
>
> _____
>
> 你会如何描述你的行为?
>
> _____

坚持我们关于自己的基本信念

当面对与我们关于自己的基本信念相矛盾的证据时,我们通常会拒绝证据,坚守旧的信念,否则我们就会感到不稳定。不断地改变我们关于自己的信念,会让我们难以形成明确的认同感,研究表明,大多数人都觉得这非常令人不安和具威胁性。我们坚持关于自己和他人的信念,因为它给了我们一种可靠和可预测的感觉,即使我们的信念并不完全准确。我们基于各自的信念与他人建立关系,并在彼此身上加强这些信念，而不是去找到并改正其中的错误。我们人类需要归属和群体身份，这也意味着有时我们会支持某些我们明知不对的信念，以避免被羞辱或排斥。

以另一种方式看待自己、他人和世界

乔治·凯利认为，心理治疗应该帮助人们看到并承认现实的另一种貌似合理的构造。凯利认为，帮助人们探索并有可能采用关于他们自己、关于他人和关于这个世界的新信念、新思考方式和新模型结构，会让他们更加开放、健康和幸福。

对于有问题的害羞和社交焦虑，我们会有一系列的信念来加重害羞和焦虑的感觉，而不是帮助自己应对这些信念和寻找替代它们的方法。当我们极度害羞时，我们形成关于自我和他人信念的基础是害怕被评判和被发现自己的不足，或害怕给别人留下不好的印象，或害怕别人对我们态度苛刻（或者可能只是礼貌和善但不感兴趣）。我们可能认为自己不够好或者根本没有吸引力。这些自我信念可以变得非常复杂，在大脑中形成了许多路径和相互连接，随着我们的反复重温和经常参考而变得根深蒂固。我们变得如此习惯于提防社交威胁、贬低自己、怀疑自己，总是预测最坏的情况，以至于大脑会自动切换到这种思维方式。当你认为自己不够好或者没有吸引力时,你就会感到羞耻。

外在和内在的羞耻和自我批评

在某种程度上,所有人都有过因为感觉糟糕、不胜任或不受欢迎而感到羞耻的经历。外在的羞耻,是我们认为别人在评判我们,发现我们在某些方面不胜任或不合格。外在的羞耻是关于我们认为别人心里是如何看待我们的,以及我们所认为的他们对我们的想法和感受,如厌恶、愤怒或轻蔑。正因为如此,我们想要隐藏、封闭自己,避免和别人亲近。我们害怕别人会在我们身上发现一些他们不喜欢的东西,然后拒绝我们。内在的羞耻有自我评价的成分,我们感到自己是不胜任的、低劣的或有缺陷的。感到内在的羞耻时,我们倾向于严厉地批评和攻击自己,并相信我们天生就是糟糕的或失败的。感到害羞时,我们会认为自己是唯一有这些感觉的人,而实际上这些感觉在西方文化中很常见。这些感觉使威胁/保护系统持续过度运转,并且能够破坏满足感和幸福感。它们是自我慈悲的反面。如果事情出错了,我们不会友善地对待自己,对自己给予支持并报以坚定的希望,而是对自己感到沮丧、愤怒和轻蔑。大多数情况下,你对自己的看法都是建立在早年的痛苦经历上——当你与那些没有能力关怀和支持你的人在一起的时候。所以,外在的羞耻和内在的羞耻实际上都是以其他人的问题和情绪困难为基础。

羞耻和自责可能构成了普通害羞和更极端、更痛苦的害羞之间的区别,前者是所有人都会时不时感受到的。在一项未发表的对青少年的研究中,我们发现那些不自责的害羞高中生并不比不害羞的学生有更多的社交焦虑。自责再加上羞耻,会带来更痛苦、更困难的经历,因为羞耻会让生活失去乐趣。感到羞耻时,我们只想躲起来,把自己封闭起来,不向别人敞开心扉,也不接近别人。我们担心其他人会在我们身上发现一些他们不喜欢的东西,然后拒绝我们。

自我反思练习:羞耻和自责

当你感到羞耻时,你认为别人是怎么看你的?
_____

你觉得自己怎么样?
_____

当你有这种感觉时,你能够安慰自己吗?
_____

你能想出一些别人可能会喜欢你的地方吗?
_____

严重羞耻 vs 信号羞耻

当然,羞耻并不必然是坏事。严重的羞耻会变成慢性的,并且感觉上似乎跟我们的整个自我有关。我们会觉得自己极度不胜任、有缺陷,并且没有办法让自己摆脱这种毫无价值的状态。严重的羞耻感像是一种我们无法控制或改变的东西。

另一方面,信号羞耻(羞耻感的一种温和形式)帮助我们意识到我们的关系状态。当我们感到暴露得太多,或被侵犯、被忽视、被拒绝时,信号羞耻帮助我们承认自己的感受,并在可信任的关系中解决问题。它帮助我们不仅意识到自己的弱点,也意识到别人的弱点,并认识到我们都只是凡人,都是相似的。我相信,这种温和的羞耻感有助于我们对别人产生慈悲,并最终对我们自己产生慈悲。

你没有错

谢利·休伯,一位著名的加州禅师,在她的著作《你没有错》(*There is Nothing Wrong with You*)中列出了对孩子们说的话。你在成长过程中可能听过一些这样的话(除非你不是被容易犯错的人类养大的!),休伯认为它们是儿童社会化过程的一部分,也是造成自我厌恶的坚实基础。举几个例子:

不要那样做……别这样……把那个放下……我告诉过你不要那样做……为什么不听？……别露出那种表情……我会让你哭的……你不应该有那种感觉……你早该知道的…你应该为自己感到羞愧……你真可耻……你到底能不能得到它？……你把一切都毁了……你真没见识……你疯了……我为你牺牲了一切，我得到了什么？……你得寸进尺……任何人都知道这一点……你一点都不好笑……你以为你是谁？……你是天生的坏种……邻居们会怎么说？……我能把你打得魂飞魄散……都是你的错……你真让我恶心……如果你哭，我就要扇你巴掌……

这样的例子不胜枚举。某种程度上，这一连串令人窒息的羞辱和批评可能会让你得出这样的结论："我有问题。"我们大多数人在成长过程中都听过一些这样的批评，有时表面上是善意的，意图训练我们做个好人，有时是因为我们的父母和其他人有情绪问题，不能很好地照顾孩子。

父母的羞辱性言论会导致外在和内在羞耻

不管在什么情况下，这类言论都既会导致内在羞耻和严厉的自我批评，也会导致外在羞耻，预期别人会用怀疑的眼光看待我们。我知道自己仍然能听到父母说："邻居们会怎么想？"好像我们的价值取决于邻居们对我们的看法。

我们生来就需要与他人建立联系、被关怀、在需要时得到帮助。我们都想被需要、被欣赏、被重视，这样我们的世界才会有安全感。如果我们和父母的关系是温暖和充满关怀的，我们就会感到安全和被接纳。但是，如果照顾我们的人拒绝、苛刻或在言语或身体上虐待我们，我们就容易产生内在和外在的羞耻感。经受痛苦的害羞的人往往有过度控制和过度保护的父母，或总是接收到批评、伤害或忽视的信息。当这种情况发生时，我们会变得即使对温和的批评也非常敏感，会把任何事情都解读为对我们缺点的暗示。

外在和内在羞耻的练习

这里有一个练习，可以帮助你意识到与羞耻有关的两种思维流；其中一个是关于别人的想法，另一个是关于对自己的想法。为了帮助你了解这是如何进行的，让我们看一个容易想象的例子。

你想进一步了解一对夫妇，邀请他们来吃饭。他们都在你配偶上班的公司工作，两人都以有条理和高效率著称。你已经精心准备了晚餐，并且尽可能在客人到来之前做好饭菜。你用一种特殊的酱汁烹饪三文鱼，并煎制芦笋。沙拉在冰箱里，米饭在微波炉里。你们一边吃着开胃小菜、喝着酒，一边等候，尽管你有点紧张，但十分享受这场互相熟悉的聊天。你的计时器响了，提醒你从烤箱里取出三文鱼，从平底锅里盛出芦笋。你把这些食物放进餐盘，然后把米饭从微波炉里拿出来。你惊恐地发现，你把米饭烧煳了，它粘在微波炉容器上，甚至容器已经部分熔化了。你认为这对夫妇对你有什么看法和感觉？你的脑子里产生了什么样的自我批评和评判的想法？

下面的"自我批评的想法和恐惧"表格，在第一列列出了可能导致"外在羞耻"的想法（"我认为别人对我的看法和感觉如何"），在第二列列出了"内在羞耻"的想法（"我对自己的看法和感觉如何"）。看看这两列内容，你可以看到它们是如何相互呼应的，当我们感到自我批评时，我们也会假设别人正在批评我们。我们假设他们对我们的想法和我们对自己的想法一样。在这种情况下，尽管你的客人表现得好像能够理解，并且认为大家一起即兴做一盘意大利面来代替米饭很有趣，但你仍然担心这不是他们真正的想法，他们会在回家的路上谈论你。你觉得外部世界和内心世界都是批判和排斥的，因此你会感到威胁同时来自外部和内部，没有安全、平静、舒缓、友善的地方可去。难怪你会感受到压力和威胁！

自我批评的想法和恐惧

第 1 列 我认为别人对我的看法和感觉如何	第 2 列 我对自己的看法和感觉如何
这些人会认为我粗心大意，无法集中注意力。他们会看到我很紧张，并且看不起我。	真不敢相信我没仔细看一下时间。真是个白痴！我总是因为过于害羞和焦虑而无法集中注意力。我永远无法改变！
他们不会被我的招待技巧惊艳，只会认为我无能。	我是怎么回事？为什么我不能集中注意力？我一焦虑就会心不在焉。
他们不会再来了。我也让我的配偶失了面子，就因为他跟我结婚了。	这顿饭本来会很不错的。感到难为情的时候，我真的会整个人僵住。
他们不会想和我这样的人做朋友。	我的粗心大意和社交焦虑把事情搞砸了。
这会对我丈夫造成损害。他们会觉得我是个笨蛋。	我什么时候才能学会集中注意力！我讨厌自己无法控制自己的焦虑和难为情。
我最担心的是：我将无法交到朋友，无法找到喜欢和尊重我的人。	我最担心的是：我不能交到好朋友。我会很孤独，无法融入。

然而，你可以采取有益的行动。退后一步，看清自己在想什么。调整到舒缓的呼吸节奏，重新集中注意力，试着用一些问题来平衡你的想法，语气一定要友好和温柔。

- 他们中有谁对烧焦的米饭感到困扰吗？

第六章　培养慈悲思维

- 他们中有谁表达了同情,或举出了个人遭遇同类事件的例子吗?

- 他们中有谁安慰你了吗?

- 他们看上去喜欢你的陪伴吗?玩得开心吗?

- 这真的会妨碍你们成为朋友吗?

- 这真的会影响你配偶跟他们的关系吗?

- 如果角色互换,你会排斥他们吗?

- 你认为它有没有可能甚至是打破了隔阂,帮助每个人放松和做自己?

带着尽可能多的热情、善意和温柔来问自己这些问题,并慈悲地关注对其反应的积极方面。因为你的威胁/保护系统被激活了,所以你更容易关注消极的东西。它的运作方式就是如此。所以，如果你的任何一位客人表现出一丝惊讶或疑惑，你就会关注这一点。然而，通过使用慈悲的关注，你的注意力也可以集中在如下的对话上。他们中的一个说："哦，天哪，我也干过这事儿。你有意大利面吗？我们做这个会很快。"而你说："当然，我们试试吧。"然后，你们一起煮意大利面，在冰箱里找一找，加入一些香蒜酱和西兰花。那夫妻俩则继续坐着愉快地交谈。如果这事发生在别人家，你可能会想："哎呀，不只是我。"你可能会松一口气。事实上，研究表明，犯错和失态会让人们更喜欢我们，人们更容易被"过于完美"的人吓跑。

还有，如果你发现自己会宽容别人把米饭烧煳，那你觉得其他人是否也可能是善良和宽容的？如果你热情、坦率、关怀，并且表现出对他们的喜爱，那么人们就会喜欢你，而不在乎你是不是烧煳了晚餐。事实上，最近的研究表明，只要有人接近他们，并表达想要交流的愿望，人们会忽略社交焦虑的迹象。是我们对拒绝和负面评价的恐惧促使我们自我批评。如果你真的相信他们不会感到困扰，也许会感觉和你相处更自在了，你还会自我批评吗？这就是为什么上面的表格包含这样一句话："我最担心的是……"每当你开始自我批评，对自己感到失望、愤怒或轻蔑时，你都可以问自己这个问题。你用自我批评抵御了恐惧，然后你就不能处理这个恐惧了。所以，试着去关注并承认你的恐惧，试着对自己表达慈悲，而不要被自我批评的想法所淹没。慈悲地对待恐惧，可以帮助你停止责备自己和从情绪上伤害自己。

消极的自动思维和羞耻感是普遍存在的

克里斯汀·内夫对世界各地不同文化中的羞耻感和关于自我的消极想法做了广泛的研究。她和克里斯·格默开发了一套正念自我慈悲课程，其中他们将羞耻描述为"一种普遍的无辜情绪"，源于对被爱和归属的渴望。所有的人都需要被接纳和赞同。有趣的是，我们一生都抱有消极的核心信念，比如"我有缺陷"或者"我不讨人喜欢"。这些构成了羞耻感的心理成分……这种消极的核心信念可能只有10~15种。内夫和格默开玩笑说，当我们持有一个关于自己的消极核心信念时，我们实际上是在和地球上5亿人分享它！消极的核心信念之所以持续存在，是因为我们隐藏了它们。事实上，我们每个人都有优点和缺点，但是我们的缺点从来不像我们想象的那样压倒一切。

安全策略：小心总比后悔好

你可能会发现，你已经开发了所谓的安全策略，即所有人类试图保护自己，应对外在羞耻的方式。例如，我们远离我们认为有攻击性的人，避免我们认为可能导致受伤的情况，与威胁我们的人战斗，在我们认为有敌意的人身边表现得顺从或小心翼翼，对我们认为别人会拒绝的、关乎自己的事情保持沉默。我们的心智被设置为自我保护的。事实上，人类对威胁予以高估是常见的现象。因此感到害羞时，我们会觉得这个社会有一定的威胁性，为了保护自己，我们变得顺从或回避。感到害羞时，我们倾向于自我监督和责备自己，有时是为了避免别人责备我们。我们抢在别人前面先责怪自己。

恐惧和逃避、退缩和顺从只是我们处理那些我们觉得有社交威胁性的情况的一些方式。当然，另一种重要的防御性情绪是愤怒。也许你感到被羞辱了，因此变得更加敌视和攻击他人，或对他人表现得傲慢、挑剔和居高临下。我们并非有意识地选择这些策略。它们取决于我们的性情、体格、智力，以及早期和当前的环境。

安全行为的主要问题是，它们不给我们机会去了解事情可以有所不同。如果你很害羞，回避别人，你可能永远也学不会如何应对焦虑，并逐渐减少焦虑。如果我们避开社交场合，不去挑战自己，那就不会发生任何改变。因此，你需要逐渐形成不同的做事方式，直面自己的焦虑，不要让社交焦虑和害羞决定你的行为。例如，你可以跟别人进行眼神接触，主动社交，必要时为自己挺身而出，邀请别人和你一起做事,通过分享你的想法和感受来发展友谊中的亲密感。刚开始可能会有压力,但坚持下去是非常值得的。我们将在第八章讨论如何慈悲地改变你的行为。

> **自我反思练习:挑战安全策略**
>
> 安全行为的主要问题是什么?
>
> ___
>
> 在接下来的几天里,你能做些什么来抵制安全行为并挑战自己呢?
>
> ___

关键原则:不要强迫自己放弃任何东西

慈悲聚焦方法的关键原则之一是认识到,在你逐渐发展出新的思维和行为方式的过程中,你总是可以回到旧的存在方式。你用不着试图强迫自己放弃任何东西,因为担心失去可能会在一开始的时候加重你的焦虑。所以你不需要放弃"小心总比后悔好"的策略。只要它们看起来是有好处的,你就可以一直使用它们——事实上,我们所有人都会时不时地使用这些策略。并且,你可能会发现自己使用它们的次数逐渐变得越来越少。你的自我慈悲和培养出来的勇气(知道你在遇到挫折时可以依靠自己的支持和接纳)告诉你,你不再需要那么频繁地求助于它们。培养自我慈悲会帮助你在伸出援手的时候变得更友善、更温柔、更自我接纳,你会意识到自己没有犯错,也并不具备数十亿人都从未体验过的某些令人尴尬的特点。

分享弱点是羞耻感的解药

一个其他人都是接纳的、不评判的安全的环境。能够在这样一个环境中公开自己的弱点,承认自己的羞耻,就会建立起信任和实验的自由。我们可以一起失败,一起嘲笑生活处境的荒谬性和我们自己的反应。当我们可以在温暖和接纳的关系中告诉对方让我们感到羞耻的事情时,我们就已经开始为真正的亲密和信任建立起基础。

练习有益和慈悲的思维

想象一下,如果我们为了改变旧的信念,开始每天练习有益和慈悲的思维,会发生什么?如果我们刻意地尝试让注意力重新聚焦在对我们有益的事情上,或者不接受关于自我—他人的旧有信念的表面价值，又会如何？如果我们观察人们的互动，并刻意关注我们做得好的地方，又会发生什么呢？当然，就像所有的人际交往一样，有些事情也许不会那么顺利。但通过练习，我们可以将注意力重新聚焦在我们做得好的事情上。想象一下，如果我们开始用不同的方式看待害羞，看到它的优点和不足，并练习用不同的方式看待我们自己和他人，又会发生什么呢？

阿伦·贝克是20世纪60年代一位研究抑郁症的精神病学家，他让人们注意到当我们经历某些感受和情绪时，我们脑海中闪过的评价性想法。贝克指出，这些想法会干扰人们对特定时刻正在发生的事情的参与，无论是手头的任务还是与另一个人的互动。我们的很多想法都是自我评价式的，比如，"我希望自己留下了一个好印象"或者"如果我说了蠢话怎么办？"贝克还注意到，当人们在愤怒、焦虑或抑郁中挣扎时，他们所思考的主题都与威胁和潜在的损失有关。例如，愤怒的人的想法集中在他们的需求或目标是否正在受到阻碍；焦虑的人一般关心的是诸如心跳漏拍是否意味着早期的心脏问题；抑郁的人则专注于不足和绝望的感受。感到害羞时，我们倾向于做出不利的自我评价（通过贝克的例子，你可以看到，自我评价的想法是多么普遍地存在于我们所有人当中）。我们也监控自己，试图发现错误或问题（而不是注意美好的事物），担心别人会觉得我们无聊、没有吸引力或不受欢迎。我们有这样的想法："我的声音不好听""我想不出任何聪明或有趣的事情来说""其他人比我更有趣""这个人更愿意和别人在一起"。（你可能对自己脑海中涌动的思维流一清二楚。）这些想法分散了我们的注意力，干扰了我们与他人相处的快乐和对他人的天然兴趣，但正是这些东西促使他人喜欢我们。贝克称之为"自动思维"，因为它们是瞬间发生的，不需要有意识的思考、仔细的推理，甚至不需要知道它们的起源。

那个时代的一位纽约心理学家阿尔伯特·埃利斯认为人们是被他们关于"应该"的想法所驱使。他专注于将"应该"转化为偏好。他还指出，人们经常告诉自己，他们不可能应对某些情绪；这种感觉会很痛苦。我们失去了尝试去容忍和处理情绪的动力，被驱使着去尽快地避免它们。如果我们一直告诉自己，这些情绪是无法忍受的，而不是令人不快和难对付的，我们就很难学会如何应对它们。

这些临床医生及其他人的观点——学会对自动思维和信念进行测试，并提出替代方案——传播得很快，并通过研究得到验证。因为害羞包含着我们对于被别人负面评价和拒绝的恐惧，认知行为疗法成为一种有效的策略，它特别关注我们焦虑时在脑海中出现的想法。正如我早些时候提到的，在社交适能训练中，前13周都采用认知行为疗法进行治疗，基于菲利普·津巴多在早期害羞小组和社交焦虑障碍的控制性研究中使用的学习模型。认知行为疗法包括通过积极参与社交互动（行为）、温和地慢慢面对我们的恐惧（暴露），并为基于威胁的自动思维发展出替代方案。通过以不同的方式看待某个场景，我们可以形成看起来更现实、更有益、更具自我支持性的想法。

我们脑子里发生了什么

正如这些研究人员和临床医生所表明的那样，当生活遇到困难时，我们的心智实际上会增加我们的痛苦，因为我们会跳跃式地产生某些条件反射性的负面解读，尤其是无益的思维方式。我们无法避免时不时地感到害羞或社交焦虑。我们也无法避免挫折、损失和创伤。决定我们成败的是我们对这些事情的看法。

行动（反应）中的自动思维

假设你一直在和某人发展恋爱关系，但后来他改变了主意，不想和你亲近，只想跟你做朋友。你可能会这样理解这件事，也许你们之间没有你希望的那么多共同点，或者这段关系没有产生正确的化学反应，找到一个合适的人需要时间。这样一来，你可能会失望，但不会崩溃。你甚至可能会有点欣慰,因为那个人足够重视你,仍然想和你做朋友。

如果你非常害羞,你认为关系状态的改变意味着你应该受到责备,你不讨人喜欢、不胜任,找不到伴侣,你会怎么样?你会发现自己变得沮丧、悲伤甚至羞愧。

在第一种情况下,你从阳台上俯视整个场景,观察你的伴侣、你自身和你们的互动。在第二种情况下,你专注于你的恐惧和基于威胁的想法。其他的可能性——比如你实际上不是特别适合这个位置,或者你的伴侣不想要任何类型的亲密关系——你甚至可能都没想过。

自我责备和自我关注的自动思维是最痛苦的,也是最有可能破坏我们信心的。它们会妨碍你去认识新朋友和寻找伴侣,因为被自我批评所包围的时候,你很难承担风险,也很难学会新的交往方式。这些想法和感觉也会让你不能对他人给予足够的信任,去问一些直接的问题,比如"你觉得哪里不对?"或者"我们之间有哪些差异让你觉得我们不合适?"有时候这个人说的话会是一种解脱,因为你能明白他们的意思,并同意他们的看法。有时,如果你没有意识到自己在做一些会把别人推远的事情,你就可以得到对下一段关系有价值的反馈。

> **自我反思练习：向他人寻求反馈**
>
> 写下某一次你感到脆弱，并且告诉别人你脆弱的想法和/或感受的时候：
> _____
>
> 写下某一次你要求弄清楚某人的感受或信念的时候：
> _____
>
> 如果上述两种情况你都想不出来，那就想一些你现在可以和别人分享的脆弱的地方：
> _____

自动思维受什么影响？

除了特定事件外，自动思维还受到许多事物的影响：大脑的物理状况，身体状态如疲劳，以及作为背景的情绪状态，比如经常感到害羞。我们所体验到的想法、感觉和情绪，其实不是凭空而来的，通常与我们目前没有意识到的事情有关。

像心跳变化这样的感觉干扰是自然的，随时都可能发生。但是如果我们把这种变化解释为心脏即将衰竭的信号，我们就会陷入恐慌，导致心跳加快，呼吸急促，从而使我们感到窒息或产生濒死感，然后可能会升级为全面的惊恐发作。如果我们是高度社交焦虑和回避型的人，那我们可能会在社交场合经历惊恐发作，在这种情况下，由于焦虑，浅呼吸引发了惊恐反应（原因是缺氧和心跳加速）。可以理解，我们会开始把自己当成易碎品来对待，不仅回避社交场合，还会避开任何可能导致心率增加的事情，比如运动，它实际上对心脏有好处。

侵入性思维在我们所有人身上也很常见。男性每天都会产生很多次关于性的想法，暴力思维也并不少见。如果我们认为这些想法意味着自己有不好的地方，尤其是当我们感到害羞的时候，我们就会变得非常沮丧，并产生一种叫作强迫思维的心理问题，以及令人不舒服的、基于威胁的想法，害羞的身体和情绪状态。我们无法停止这些侵入性思维，害怕它们，认为有这样想法的自己是不正常的。慈悲方法则提醒我们，我们的"旧脑"经常会例行公事地产生一些奇怪的、不愉快的感觉、幻想和想法。我们所有人都承受着这些奇怪的干扰。而我们在害羞或社交焦虑时对它们的解读，决定了我们害怕它们的程度。

东方与西方的融合

一些心理学家将西方疗法如认知行为疗法和基于东方思想，尤其是佛教思想的原则、技术和练习相结合，在此基础上开发出治疗方法。玛莎·莱恩汉 1993 年出版的《辩证行为治疗》(*Dialectical Behavior Therapy*)整合了激进的行为治疗（基于学习理论，强调不断变化的行为会改变我们的想法和感受，我们可以学着去面对自己害怕的东西，直到"脱敏"，恐惧得以减少）和佛教禅宗的原则。在社交适能训练中，我们通过练习某些活动来改变行为，这些活动会引发令人不舒服的害羞和社交焦虑，比如在特定情况下接近别人并与之交谈。辩证的部分包括接受和忍耐那些难以对付的情绪，而不是试图去改变它们，正如慈悲方法所建议的那样。

第二章中提到的心理学家史蒂文·海斯基于相似的原则组合开发了接纳承诺疗法。他认为当我们不接受痛苦的感受，并试图避免某些感受和情绪时——他把这个过程称为体验回避——困难就会出现。海斯治疗遭受过创伤的人，比如越战老兵，帮助他们接受已经发生的事情，以建立或重新发现使他们的生活具有意义和价值的目标和价值观。这些原则也适用于导致习惯性害羞的痛苦事件和经历。这本由海斯和斯宾斯·史密斯共同撰写的自助书籍《跳出头脑，融入生活》(*Get Out of Your Mind and Into Your Life*)提供了一个很好的概述和大量基于接纳的练习。

慈悲思维

考虑到我们大脑的工作方式，学习如何监控各种类型的想法，而不是照单全收，这样做是有帮助的。与此同时，我们也可以学着去容忍和接纳情绪，这样我们就能更有效地处理它们。

慈悲思维就建立在这些原则之上，并增加了一个关键因素。如果我们想用其他选择来替代那些增加焦虑的害羞想法，简单地提出一些"事实"来解释为什么我们的想法可能会被扭曲，可能并不总是起作用。你是否曾经对自己说过这样的话："嗯，我知道我真的不需要感到焦虑和害羞；我知道我可能比自己以为的更好……但我就是感觉不到"？慈悲思维可以帮助你，让这些选择不仅从理智上看起来是正确的，从情感上也会感到是正确的。

当然，我们不太可能立即培养出对负面情绪的接纳和容忍。但是，如果我们学会了如何产生友善、理解、认可和支持的感觉，同时提出了替代基于威胁的社交焦虑的想法的其他选择呢？如果在学着接纳和容忍痛苦情绪的时候，我们创造了一个友善、温柔、理解的声音来鼓励和支持我们努力下去呢？你认为如果人们在面对这些挑战时更加友善地对待自己,他们更可能取得成功吗?我也这么认为,而这就是慈悲思维的全部基础。我们学会了尽可能地开放和客观,但与此同时,慈悲思维的精神聚焦于友善和支持。慈悲思维的关键就是学会在思维中产生那种情绪品质。因此,我们可以既客观又慈悲——最重要的是关注思维的情绪基调,以及它背后的(关怀)动机。

练习:参与和监控

假设你和一个你认为可以成为终身伴侣的人越来越亲密。你们正在进行更多更深入的亲密交谈。你喜欢和他独处的时间。这个人邀请你晚上去他家过夜,你事先就知道有别的人也会去:其他朋友和外地的表弟。你可能会感到失望、愤怒、悲伤或有点封闭自己,因为你认为这本该是一段有意义的共处时光。你会如何应对这种沮丧?

当你思考这次事件的时候,注意你头脑中出现的想法和解释。回答这个问题:"当我听到不会单独相处,我感到……"写下你的想法和情绪。

准备好体验不同的情绪,如焦虑、愤怒、失望和困惑。如果可以的话,识别不同的情绪,然后思考与每一种情绪相伴随的想法。将陈述补充完整,比如"我愤怒的部分认为……""我焦虑的部分认为……""我'不想去'的部分认为……"

花点时间监控，并温和甚至嬉戏地（如果可以的话）探索你心智的这些领域，让自己更加熟悉出现在脑海中的这些不同的想法和感受。尊重这些不同的部分，就像你真的对它们所传达的信息感兴趣一样。把它们写下来，真正关注这些不同的部分，会帮助你的思维慢下来并注意到它们。你可以看到不同的想法和解释如何伴随着不同的情绪。

我们也可以在这里试验一些想法，以掌握事情的窍门。如果你感到害羞或焦虑，你可能会认为，让其他人加入可能意味着你的伴侣已经厌倦了你，这是你们关系"冷却"的信号，然后你会感到焦虑和担心。如果你注意到这些解释，你可能会通过产生其他的想法和解释来安慰自己。下面是你应该做的：

花一到两分钟时间调整到舒缓的呼吸节奏（见第121页"从正念呼吸到舒缓的呼吸"）。这会让你放松下来，开始集中精神。

然后，想象你有一个慈悲的部分，它深深地理解你。

接下来，确认你有焦虑和担忧的感觉，而不是告诉自己，你太蠢了，或者你不应该有这样的感觉。可以这样开始，"我有这样的感觉是可以理解的，因为……"

然而，接下来要认识到，你的想法与焦虑有关。因此，它们可能并不客观，并且肯定是无益的。所以，运用慈悲的关注，开始想出尽可能多的替代选择。例如，伴侣可能比你更喜欢社交。伴侣可能想让你加入他们的社交圈。伴侣可能想给你一个机会认识新朋友，培养一点自信。也许伴侣真的想让你见见他最喜欢的表弟和几个朋友。专注于让这些替代选择产生一种真正的温暖和理解的感觉。

让我们来看看另一种情绪。也许你感到沮丧和怨恨。也许你的想法是："邀请我是事后才想起的。让我加入只是一种礼貌之举。知道我在别人面前很害羞，这就是不体贴我，让我为难。"到这时，你可能已经准备先提出分手，或者对他们做点同样"不体贴"的事！当你反复思虑的时候，你的情绪会陷入混乱，胃部紧绷，肌肉紧张。

所以，让我们考虑一些慈悲的思维方式：

首先，和往常一样，确认并理解你的感受。你的愤怒是否可能因为你感觉受到威胁？这背后是否存在一定程度的焦虑？你能放松下来，注意到这一点而不感到羞耻吗？试着慈悲地对待自己，也许可以让那个温暖而接纳你的、慈悲的理想自我在头脑中出现。一旦你意识到其中一些情绪与威胁感有关，你的愤怒就是对它的反应，你就可以使用上面的一些替代想法了。

但如果愤怒还在，那就考虑以下几点：

所有的关系都涉及不同的观念、价值观和人们想要得到的东西。所以，你们的关系中有时出现冲突似乎是很自然的。有一些事情你想做而你的伴侣不想做，反之亦然。关怀别人有时意味着做他们想做的事，即使你不是特别喜欢这样做，因为你知道这对他们很重要。所以，面对你的焦虑，实际上就是在关怀你和你的伴侣，关怀会帮助你去参加聚会。当然，这并不意味着你总是要"和别人相处"。学会自信，表达你的担忧或不满，也是在诚实地对待这段关系。如果你感到非常害羞或社交焦虑，这对你来说可能很难，但是一步一步来，如果你尽可能地友善和诚实，这就会有帮助。

如果你发现自己在反复思虑，你可以试着把注意力转移到更有益的想法上：也许可以重新专注于做慈悲的自己，并开始弄清楚在这种情况下思考和关注哪些东西是有帮助的。

让我们来看看另一种可能出现的情绪：悲伤。记住许多情绪可以同时出现。也许你会专注于这样的想法："当然，伴侣对我其实不感兴趣。作为一个约会对象，我既无聊又不胜任。"也许你会突然感到羞耻，因为你真的对这个人感兴趣，把他当作潜在的人生伴侣。你可能会想，毕竟对你来说事情并不总是顺利。也许你突然开始回想以前的谈话，寻找你过去没有注意到的退缩信号。你想起自己说过的蠢话，为任何可能出错的小事责怪自己。到这个时候，羞耻感会拉扯着你陷入更深的悲伤，你想要退缩，再也不接近那个人。如果是这样的话，请记住，人类的大脑和情绪就是会做这种事，这不是你的错。

还是那句话，你要做的就是确认你的情绪，在这种情况下，就是悲伤。尽你所能去理解和接受它。它可能基于以前很多你感到被排斥或受到伤害的困难经历。

"想法"可能伴随着悲伤：也许你希望伴侣永远只想和你单独相处，或者你会因为不得不分享而感到有点受排挤。焦虑也可能成为悲伤的一部分，因为它与以前遭受拒绝有关。

现在你已经识别了自己的恐惧、愤怒和悲伤，希望以上建议的一些做法对你有所帮助。让我们进一步看看，你还可能产生哪些想法。

例如，在假设伴侣已经失去兴趣之前，你可以先检验这个想法。也许现实与你的设想相去甚远——实际上，伴侣是想要把你纳入他生活的其他方面。所以，也许你的悲伤与这样的想法有关：焦虑可能会阻止你们一起沿着这条路走下去。

再一次，确认你的恐惧，并理解它们来自一个对你有威胁的地方。调整到舒缓的呼吸节奏，专注于慈悲的自我或形象。与这种情绪紧密相连，让自己感受到它的善意和支持，不要逃避。与此同时，尽量不要用反复思虑或焦虑的想法来滋养它，那只会让你更紧张。例如，你可以想象自己很好地应对了这种情况，也许要与焦虑作斗争，但还是挺过去了。你可以想象为自己的努力暗自满意，赞美自己的勇气，因为这并不容易。

准确的想法和准确的想象是为了适应你和你的处境而拟定的。一旦你明白，基于威胁的想法会拉着你进入更多基于威胁的情绪中，而基于慈悲的愿望和努力则会拉着你去更多地参与和应对，你可以成为自己的引路人和导师。善待自己的动机会帮助你产生这些可供替代的想法。你会培养出公正的智慧，通过与害羞和社交焦虑的想法抗争来成长，而不是让害羞扰乱甚至停滞你的生活。

自我反思练习：改变基于威胁的想法

写下一个你对一段友谊或爱情没有安全感的情形：
_____

我焦虑的部分认为：
_____

"我有这种感觉是可以理解的，因为"：
_____

我愤怒的部分认为：
_____

"我有这种感觉是可以理解的，因为"：
_____

我悲伤的部分认为：

"我有这种感觉是可以理解的，因为"：

我可以放松下来，诚实而不感到羞耻，对自己有慈悲心，也许让自己想起慈悲的理想自我——一个温暖的、接纳我的人。

我的慈悲自我认为：

现在想象自己很好地应对了这种情况，也许要与一些焦虑作斗争，但还是挺过去了。想象为自己的努力暗自满意，赞美自己的勇气，因为这并不容易。

你会说些什么来表扬自己，认可自己的勇气呢？

对自己承诺，在接下来的几天里，你将进入一个具有挑战性的场合，并采用这个练习。"我保证我会……"

培养慈悲思维

以上,关于监控你的思维并产生慈悲的替代选择,我们已经了解了一些这方面的基本观点。现在让我们更详细地讨论这个问题。

自我监控

考虑到我们的想法随时随地都会即刻发生变化(在正念工作中,这被称为"心猿",如第 115 页"自我反思练习:正念呼吸"),以及我们的情绪很容易将我们卷入风暴地带,我们的"新脑"可以通过简单地观察我们的想法、感受和行为来帮助我们。研究数据支持自我监控是我们可以使用的最重要的工具之一。如果看不到自己的想法、感觉和行为,我们就无法开始改变。如果可以,我们就有很大的机会。

练习:观察

首先,观察想法和情绪在脑海中的流动。你可以从任何一个平凡的日子开始做这些事。当你为你认为会让你感到害羞的新环境而烦恼时,或者反复回想你认为进展不顺利的事情时,再试试这个练习。记得带着善意和慈悲去观察思维的流动，调整到舒缓的呼吸节奏，当你注意到这些想法时，观察哪些情绪和大脑系统受到刺激：威胁/保护、驱动/兴奋或舒缓/满足。

你可以做以下事情来帮助自己：

- 调好手表或手机上设置闹钟，让它们在一天中不定时响起。如果可能的话，每小时做一次以上（你可以在开会期间或者你觉得自己不被打扰的时候把它关掉）。当提醒的声音响起时，只需将注意力集中在你的想法、感受和身体感觉上并保持几秒钟，然后将觉知带回此时此刻。如果你喜欢小工具，智能手机应用程序可以帮助你，比如语音备忘录（你可以把自己的声音录下来）。我们在辅导一个青少年害羞小组的时候用过一个手持设备，发现它非常有用。
- 我认为在衬衫口袋、钱包或背包里放一个小笔记本真的很有帮助（如果你的日记本或笔记本太大的话），这样你可以在想法产生的当时就把它记录下来。书店里有漂亮、纤薄、有系带的笔记本，你可以选择自己喜欢的颜色或设计。当某些事情意外地触发了你的害羞，或者当你对某件事有强烈的反应时，就在手边的笔记本是非常有用的。写下你的反应，它可以让你在那一刻平静下来，也有助于更深入地了解你自己和你的自动化反应。
- 你也可以口头述说自己的想法，并用录音机录下来。
- 有些人喜欢用明信片。

自我反思练习：观察你的想法和情绪

调整到舒缓的呼吸节奏，当你注意到这些想法时，留意哪些情绪和大脑系统受到了刺激：威胁/保护、驱动/兴奋或舒缓/满足。

将此时此刻正在运作的情绪和大脑系统写下来，例如恐惧，一丝激动和希望，因为错过机会而悲伤和沮丧，些许安慰，因为我可以让自己安心并继续尝试新事物：

_____

想象有一个观察者正在采访你

想象自己是一个观察者，正在采访自己。回到跟伴侣和他的表弟共进晚餐这个例子，"观察的你"可以用温暖、柔和的语气问："你看起来心烦意乱，你能告诉我一些你现在的想法和感受吗？"真实的你可能会回答："嗯，我现在感到害羞和焦虑。我的身体很紧张，我开始担心伴侣是否对我感兴趣，甚至是否关心我。我开始觉得我误解了他们的兴趣所在，他们是在试图跟我疏远，或者礼貌地让我失望。我有点怀疑存在流言蜚语，或者表弟对我们的关系有负面影响。我有种想要抽身的冲动，也许会告诉他们我不能跟他们共进晚餐了。"

现在，看看"观察的你"能否以温暖、关怀和明智的态度来采访"体验的你"，谈谈在那种情况下可能出现的任何想法和感觉。特别注意要这样说："你有这种感觉是可以理解的，因为……"如果"体验的你"注意到有任何新想法出现，或者还有没提到的想法，对它们进行观察也是有用的。

从舒缓的呼吸开始，保持一到两分钟，想象你理想的慈悲自我，用几分钟时间温和而热情地采访自己。如果"体验的你"感到愤怒，告诉你温和的观察者（"观察的你"或另一个滋养者），你的愤怒与焦虑和威胁感有关。

这个练习可以帮助你觉知当下的想法，以及它们是如何与你的感觉和情绪，以及你的幻想和意象联系在一起的。你也能留意到自己的大脑是否在某些情况下变得特别反复无常和过度活跃。

觉知而不试图改变任何事情

在这个观察的过程中,你不要试图改变任何东西,你只需要注意自己的反应。这种慈悲聚焦练习的好处是,此刻你不需要质疑自己的任何想法是否准确或有用。你只要保持友善、热情和温柔的好奇心。以关怀和温柔的方式来监控你的思维。想象你理想的慈悲形象,好朋友或治疗师——一个真正对你感兴趣、深切地关心你的人——正在倾听你的想法。你不会让他们感到震惊,他们知道其他人也有类似的想法和情绪。我们没有人能例外。你的工作就只是尽可能仔细和清晰地描述你的身心中正在发生的事情。

调整到舒缓的呼吸节奏,持续一到两分钟,然后回想最近当你感到害羞或社交焦虑的时候,现在你可能感到有点自责或羞愧。同样,现在你不需要质疑自己的任何想法是否准确或有用。只需保持友善、热情和温柔的好奇心,以及对你个人的深切关怀。以关怀和温柔的方式来监控你的思维。想象你理想的慈悲形象带着深深的慈悲和关怀在倾听你说话。

自我反思练习:倾听自己

当你以关怀和温柔的方式监控自己的思维时,你理想的

> 慈悲形象只是关心地倾听时,你注意到了什么?

练习:慈悲地写作

我们从研究中得知,在个人成长和心理治疗中,把事情写下来通常会有所帮助。写作可以帮助你确定生活的主题,帮助你建立你以前没有看到的联系。写作还可以帮助你识别我们都能感觉到的更普遍的威胁。给自己写信是一个有用的练习。回顾以下三种普遍威胁的例子,你给自己的信应该是这样写的:

- 焦虑:我以为这会是伴侣和我更加亲密的相处时间,他却邀请其他人和我们一起。恐怕这意味着他对我失去了兴趣。有趣的是,这让我想起了高中时我和其他人约会,他们也在没有告诉我的情况下让别人参与了进来。他们说他们会在校园聚会上见我,然后跟另一个人一起出现。除了我,似乎每一个人都知道。他们整个晚上都搂着对方。我觉得自己要生病了，最后我就离开了。难怪我感到焦虑，难怪我害怕人们都会离我而去，甚至都懒得告诉我。

- 愤怒：我以为这会是伴侣和我更加亲密的相处时间，他却邀请其他人和我们一起。我想知道是否有更多有趣的人来了，相比之下，伴侣认为我不是个好对象，也不够令人印象深刻。这让我想起小学的时候，我的朋友为了"受欢迎的群体"抛弃了我。后来，当那些受欢迎的人群抛弃他们时，我感到很满意。我不会让任何人先这么对我。我想抢在他们前面。难怪我想在他们这么对我之前离开。
- 悲伤：我以为这会是伴侣和我更加亲密的相处时间，他却邀请其他人和我们一起。这感觉很难熬，因为我很享受和他在一起，能有个真正的谈心对象。我想我没那么有趣。我不像其他人那样令人兴奋，也不像其他人那样健谈。也可能是我太多跟随话题，不够主动。这让我想起了我在学校里的朋友，他们总是主导谈话，我也是老样子。我在他们旁边看起来像只老鼠，没有人在意我。难怪我感到悲伤和被忽视。

想想某一次你感到受威胁的时候。试着用上面的格式写一封信。

- 焦虑：
- 愤怒：
- 悲伤：

以友善而温和的方式进行练习

慈悲方法是指用一种友善而温和的方式来做这些练习，只是对一段经历进行反思。第104页的"慈悲圆环"提供了另一种角度去看待你正在做的事情。通过花时间理解自己正在想什么，你表达了一种真诚的希望，去关怀自己，对自己的真实想法和感受保持敏感，而不是回避或评判。你对自己的感受怀有同情，因为对你或任何人来说，在这种情况下感到担忧或痛苦都是正常的。当你坚持去体会自己的经历并把它写下来的时候，你是在容忍自己的情绪，而当你给自己时间去思考它们的时候，你正在培养对自己的理解和同理心。你是开放的、友善的、专注的、不自我批评的。

你可能已经注意到了，当然我也注意到了，我们的想法、幻想和情绪无处不在。在任何给定的场景下，我们都可以以一套惯例的形式表现出所有的焦虑、愤怒和悲伤。这就是为什么我们鼓励害羞的来访者开始注意自己有所不同的部分，不同的内心声音，有些声音似乎在朝我们尖叫，有些则安静得多。当批评等事物激活威胁-保护系统时，往往三种情绪都激活了，因为我们还不知道自己要做什么。与此同时，积极的情绪系统被抑制，所以我们可能听不清它们的声音。

我们的关注点经常存在竞争关系，比如我们实际上是如何思考、感受和行动的，和在这种情况下我们想要怎样，我们认为自己应该怎样，我们觉得自己能够怎样，是什么抑制了我们跟随这些冲动去行动。将这些内在冲突视为自然的和正常的，可以帮助我们根据情况做出明智的决定。如果我们能够从自身经历中后退一步，就可以看到我们是如何学会以一种特定的方式来做出应对，并判断其价值的，即使这种做法并不理想。

通过我们的例子，我们可以看到情境是模糊不清的。我们真的不能读懂伴侣的心思，存在很多不同的可能性。我们可以决定慈悲地对待自己，就像一个热情的朋友那样，也许慈悲地对待伴侣，假定他们是无辜的。我们可以和伴侣待在一起，看看情况如何。我们还可以在晚些时候通过所谓的"感知检查"来锻炼自信技巧：我们可以询问朋友，他们如何看待我们的关系，以及他们认为我们的关系将如何发展。在诊所里，我们称之为强化情绪肌肉。有小组的情感支持，某些事情会变得更容易一点。通过阅读这本书并练习这些技能，你可以学会在面对这些挑战时，向你的慈悲形象，甚至你的家人和朋友们求助，请求他们给予同情、支持和明智的建议。如果你觉得自己不能求助于朋友或家人，那么治疗师在这里真的很有帮助。

思维的平衡

认知行为治疗师最初关注的是我们的思维是否理性。在害羞诊所，我们关注的是我们的所思所想是否对自己有用，或者为我们的努力提供支持。慈悲聚焦疗法让我们更大程度地去体谅自己不理智的权利。事实上，人类是极度非理性的。我们坠入爱河，生儿育女，养育孩子，驾驶赛车，抽烟，大吃大喝——即使我们知道某些东西对我们有害！

于是问题就变成了：

- 当我们的思维激活了威胁/保护系统时，它是在帮助我们还是在妨碍我们？
- 我们的思维是否会增加自己的社交焦虑、害羞、羞耻和悲伤，或者我们能否仅仅通过观察来安抚自己？
- 我们新的心智能否通过关注友善和温柔，以及情感支持和鼓励来创造一种抗衡的力量？

练习：肯定感受

在我们的例子中，我们承认了自己的社交焦虑、害羞、愤怒和悲伤，并认为它们是可以理解的。我们还注意到我们的感受是如何与生命早期的特定事件联系在一起的。我们可以产生同理心，可以肯定自己的感受。这是一项重要的技能，因为我们中的许多人都来自这样的家庭：情感，尤其是害羞和脆弱的情感，比如悲伤、社交焦虑，也许还有羞耻，被认为是软弱、可悲、愚蠢或错误的。我们中的一些人可能一辈子都被称为"过度敏感"。这让我们处于一种自我否定的状态，试图避免感到社交焦虑、受伤、脆弱、悲伤、羞耻、怨恨和愤怒。所以，第一个慈悲任务就是说出这句话："无论我有什么样的感觉，都是可以的。"情感可能会让人受伤，可能不受欢迎，并且考虑到现实情况，你可能不想对它们采取行动。你甚至会发现，当你探索各种可能性时，你并不需要以你现在的方式去感受，但感受无论如何都是可以接受和理解的。你只是一个普通人，和我们一样。

> **自我反思练习：承认和肯定你的感受**
>
> 从这句话开始，我有这种感受是可以理解的，因为：
>
> _____

现在花一两分钟时间调整到舒缓的呼吸节奏。想象你慈悲的部分，也许是你理想的慈悲形象，那就是深深理解你，或者充满慈悲心的朋友。

接下来，倾听、理解并肯定你的感受。如果注意到你在对自己说你很傻，或者你不应该有这样的感觉。只要注意到有这个想法，就温柔地让觉知回到练习中。

如果感觉合适的话，你也可以用带有引人注目的图片的明信片来代替写在书或笔记本上。花点时间做最适合自己的事情。

一旦你觉得可以接受自己的感受，或者已经开始接受它们，你可能会想继续下一个练习。如果出现了很多痛苦，这是完全可以理解的，因为你正在向自己可能试图压抑或逃避的情绪敞开心扉。它们可以非常强大。如果你的感受过于强烈，那就写到你目前所写的内容为止，在此停留片刻，然后停止练习。你可以稍后再来，这个过程需要时间来发展。

我们学到了什么

在本章中，我们将重点放在慈悲方法的一个方面，即我们的思考和推理。我们看到了我们的"新心智"能力是如何被旧脑的威胁/保护系统捕获并为之服务的。这会引发反复思虑，在原地打转，让我们越是思考自己社交焦虑、孤独、悲伤或愤怒的感受，就越发沮丧不安。

当你停下来，关注自己的想法、感受和身体感觉时，你会更清晰地意识到想法是如何产生和相互作用的。在你观察的时候，你可以看到自己的情绪随着时间推移如何变化，以及什么样的特定事件、身体状态和情绪会触发某些类型的思维，比如害羞或易怒。

看着你的想法飞快地流过，就像河面的树叶一样，你可以观察你的想法，但不要陷入其中，不要误把想法当成绝对的、固定不变的现实。

你没有试图强迫自己放弃任何东西，这样做可能会让你更加焦虑。随着新的思考和行为方式逐渐发展出来，你仍然可以随时回到旧的生活方式。

你注意到了哪些想法，而并未过于陷入其中？什么样的身体状态和情绪减轻了？

以 0~10 级来量度，减轻了多少？

在下一章，我们将探讨更多培养慈悲思维的方法。

第七章

让社交焦虑和害羞思维重回平衡的其他方法

我们都尽力在困难的环境中做到最好,也包括你。你可能正在努力应对自己的害羞和社交焦虑,有时还包括羞耻感,与此同时,还要培养自己的慈悲心,努力平衡自己的所思所想。要处理的事情很多,我希望你一直在关注自己的进展。我也希望你已经开始注意到,在你尝试本书中的练习时,有些练习比其他练习更适合你。本章将向你介绍更多的选择。

我们将练习更多培养慈悲思维的方法,通过为基于威胁的想法提出替代方案来平衡我们的想法,并建立我们的优势,发展我们的能力。我们也会注意到可能对慈悲思维造成阻碍的事物,并进行更多的写作练习。

为基于威胁的想法提供替代方案

让我们再回到第六章的例子。你正在和一个潜在的伴侣发展关系,并期待着共处的机会。然后你发现伴侣也邀请了其他人一起。这可能会引起焦虑、悲伤和/或愤怒的感受。你可能认为潜在伴侣正在疏远你,或者改变了他对这段关系的看法。

作为一名社交适能训练治疗师或小组长,我会从帮助你挑战你的一些想法开始,询问这些想法现在是否对你有帮助。我会问类似这样的问题:"你伴侣的行为一定意味着他在疏远你吗?对于他的行为,还有其他解释吗?"

我们会听取你想到的任何其他解释,然后提醒你还有其他一些可能性。也许他想让你认识他生活里的重要人物,因为他认为你们会喜欢彼此,或者因为你们俩越来越亲密?

即使伴侣在疏远你,这是否一定意味着你不够好,或者你不能应对和接触其他人?你以前处理过这类情况。

有时,我们可以把我们的想法和情绪看作有待检验的理论。我们可以问:它们是否对我们有帮助,它们是否激励我们去接触别人,告诉别人我们的想法和感受。我们可以审视我们对自己说的话,然后问自己:"我们会对一个正与害羞作斗争的好朋友说这些话吗?"我们提出可能的替代方案,因为它们帮助我们平衡思维,让我们茁壮成长、健康幸福。

我们不想被"旧脑"的恐惧和迷信所左右，我们希望能够有所选择。慈悲的方法基于这些立场，强调找到友善和同情的语气，真正去感受我们作为替代的、自我支持的想法，并在理智上认可它们。

练习：慈悲地提问

我们能以一种温暖、友善、温柔、关怀的方式向自己提问，并产生可供替代的想法吗？在这个练习中，不要去考虑我们一直在使用的示例。相反，想想目前生活中引发你社交焦虑或痛苦害羞的某种情况。这样你就可以练习慈悲地询问一个与你个人关系密切的问题，你就可以探索如何调整其形式，使其与你相关。

当你做这个练习的时候，看看你是否能在脑海中听到这些问题以温柔、友善和慈悲的语气表述出来。也许你可以想象，一位朋友、你慈悲的理想自我、一个完美的滋养型他者或一个理想的治疗师正在对你提问。露出慈悲的面部表情和温柔的微笑，并深呼吸几分钟，感受舒缓的节奏。

现在，让脑海中呈现当前引发你的社交焦虑或痛苦害羞的情况，并在笔记本或日记本上写下你产生的任何想法。

现在问自己一些同样的问题，选择最合适这一情况的问题，并用相关细节填补空白：

- 我能确定 _____ 吗?
- _____ 是否必定等同于或导致 _____?
- _____ 的实际可能性是多少?
- 即使 _____，他或她的意见反映了其他每个人的意见吗?
- 这是 _____ 的唯一机会吗?
- 可能发生的最坏情况是什么? 会有多糟糕?
- 我过去应对过，我确定自己现在应对不了吗?

写下你的答案。

_____

_____

也许你会注意到，当你问自己这些问题时，你发现自己在说:"嗯，不，但是……"如果是这样，只要承认这就是当我们感到社交焦虑、恐惧、受伤或恼怒时，大脑会做的事情。注意这些想法，并温柔地让自己回到任务中。

练习：思考事实

现在，让我们回到潜在伴侣邀请其他人参加你们的聚会的例子，这样你就能持续获得练习的感觉。

正如我们在第六章所看到的，重要的是不要与因有问题的害羞而产生的恐惧对抗，也不要告诉自己去感受它们是愚蠢的。我们需要尽可能地去肯定自己的感觉，同时打开注意力并思考替代方案。所以，回想一下这个我们希望两人私下见面，潜在伴侣却邀请其他人参与的例子，我们可以问：

- 如果处在另一种不同的心理状态下，我会如何看待这一情况？例如，如果我是快乐和放松的？

- 这些想法的产生可能是为了保护我，但它们真的准确吗？

- 虽然我可以从过去寻找一些证据，但在这种情况下，我现在有什么证据来支持我的观点呢？

- 我的伴侣邀请别人还有其他可能的原因吗？其中是

否存在任何合理的原因,或者比我所担心的事情更有可能的原因?

___

其他可能对你有用的问题:
- 我能确定伴侣正在疏远我吗?

___

- 邀请其他人是否必定等同于或者会导致伴侣远离我?

___

- 伴侣远离我的实际可能性有多大?

___

- 即使伴侣不想和我更加亲密,他的意见反映了其他每个人的意见吗?

___

- 这是发展一段关系的唯一机会吗?

___

- 可能发生的最坏情况是什么?会有多糟糕?

___

我们可以问自己不同类型的问题来关注我们思考方式的不同方面。例如，我们可以使用阿尔伯特·埃利斯所确定的原则。正如我们在第六章中看到的，埃利斯发现许多人都在绝对化地思考，他们对于自己和其他人"应该""按理应当"或"必须"做或不做什么，都有一套"规则"。此外，有些人认为，某些情绪是无法忍受的，不应该冒险去体验。因此，我们可能会问一些聚焦于发挥我们能力的问题，以平衡对不胜任的恐惧。我们可能也要采取慈悲的姿态，试着从对方的角度考虑事情。我们可能会问一些问题，试图以温和的方式找出是什么在阻止我们真正接受可供替代的想法和可能性。以下四个简单的练习从这些角度提供了一些你可以问的问题。

练习：用阿尔伯特·埃利斯的原则提问

- 如果伴侣的确远离我了，我认为这完全不可接受，我无法忍受吗？我经历过挫折和失望，但都挺过来了。我不会是唯一一个经历过这种事的人。
- 我认为人们"必须如何"或者"必须不如何"，而不接受他们像我们所有人一样容易犯错吗？也许他们有不同的愿望和生活方式。也许当我焦虑的时候，我只是陷入了"必须"的状态。

- 我是否有一条规则，认为人们永远不应该让我失望，或者在做任何事情之前都要先征得我的同意？如果是这样，那可能是不合理的。

练习：关注优势和能力

- 我以前也应对过类似的事情，并且挺过来了，它们是生活的一部分。在这个过程中我往往会学到一些东西。现在我有自己的慈悲形象作为后盾，也正在培养慈悲的技能，比如给予自己温暖和理解，以便在这个过程中帮助自己。
- 我真的认为自己应对不了吗？我是否倾向于低估自己？我确定自己不能制订一个计划吗？
- 如果让我在这种情况下对一个朋友表达支持，我会说什么？

_____

_____

- 我希望朋友对我说什么？我们应该关注什么？

_____

_____

练习：同理心的立场

- 让我花点时间想想伴侣身上可能会发生什么事情。我们是不同的人，有不同的关注点。关于是否邀请其他人加入我们，我的伴侣会怎么考虑？

_____

_____

- 如果它真的与我无关呢？如果这只是伴侣的风格呢？

_____

_____

练习：注意自己的障碍和对改变的抗拒

- 是什么阻碍了我对伴侣的信任，阻碍我倾听自己关于不同可能性的明智看法？

_____

_____

- 我觉得自己很害羞，有段时间就是这样。对于改变，我担心的是什么？

_____

_____

- 如果没那么害羞的话，我认为自己会成为什么样的人?

- 亲密关系或快乐有什么让我害怕的地方吗?

- 我是否担心建立亲密关系意味着伴侣会对我有更多的期望,而我不能满足他更高的期望?

找出恐惧和愤怒的来源:另一个例子

问题既可能以我们看来相对简单的方式出现,也可能相当复杂。害羞诊所的一位来访者,我叫他大卫,他因为和一个女人的亲密关系,正纠结于复杂的情绪感受。他们显然正在变得越来越亲近,不过他也指出,他们的生活习惯和生活方式略有不同。她每天早起跑步,喜欢清晨喝咖啡,阅读报纸。他熬夜,喜欢睡懒觉;当他锻炼的时候,他会起得很晚。他担心自己需要遵从她的日程安排,因为他害怕冲突,害怕让她失望。他也害怕她期望他多谈谈他的想法和感受,期望他在对她感到失望或生气时告诉她而不是憋在心里。大卫害怕这段关系发展到性行为，因为他几乎没有性经验。他担心自己会变得紧张，性能力不足。他担心她会对他感到失望，不给他学习的时间。

在思考这一切的过程中，大卫突然意识到，他在童年时对自己许下了一个承诺，一个实实在在的决定：不依靠别人，因为这样做不安全。他们让他失望，有时不出现，有时忽视他。当他告诉他们他的真实感受时，他们的反应并不好。他的父母很忙，工作很努力，但似乎没有精力照顾孩子。他的哥哥姐姐争强好胜，没有太多时间陪伴最小的弟弟，像父母一样，他们没有给大卫什么支持。

大卫还有另一个想法：如果跟别人建立亲密关系，他可能不得不依赖对方。对于又要像那样敞开心扉，他感到既愤怒又恐惧。这两种感受，以及可能的失望，都吓到了他。他害怕自己的恐惧，因为他认为这说明他很软弱。他害怕自己的愤怒，因为担心自己会大发雷霆伤害别人。事实上，大卫在其他人，包括其他小组成员面前，一直都是性情平和而可靠的，因为他知道这些性格特征对他有多重要。因此对他来说，开始理解下面这些事情并不困难：考虑到他的生活经历和性情，他有这样的感受是很自然的，大多数人在建立一段新的关系时都有类似的担忧，其他小组成员也有同样的担忧，有人支持对他很重要，甚至一起解决问题也可能会很有趣，并且给人以力量，有助于减少他在生活其他方面的害羞程度。

大卫也认识到,和他交往的那个女人在她的朋友和家人面前都是个可靠的人。他决定继续这段感情,并和她谈谈他们之间的差异,告诉她他对发生性关系感到紧张。他发现她也担心在亲密关系中被辜负或者抛弃。讨论他们所关心的问题有助于他们双方认识到这些想法和感受是深入发展一段关系的正常过程的一部分。他们都开始放松了一些,他开始享受他们的关系,以一种他以前跟任何人在一起时都无法做到的方式。大卫仍然为自己长时间被恐惧所困而感到难过,但是现在也会为此发笑,因为他的恐惧开始变得有点像是兴奋,并带着一丝狂喜。

练习:写下慈悲的替代方案

你是否注意到,写下你的想法有助于你以稍微不同的方式看待它们?写作使用的是与说话或内部思维不同的大脑区域。这个练习向你展示了在纸上整理思路的一种方法,可能有助于产生可供替代的、慈悲的想法。

把笔记本或日记本的一页分成两栏。在左边,一个接一个地写下困扰你的想法和主要的恐惧。在另一列对应地一个个写下可供替代的想法和可能性。如果你把它们记在笔记本或日记本上,回顾起来就很容易,但你也可以把它们放在一个文件夹里，也许和一些你觉得让人平静或鼓舞人心的照片或杂志图片放在一起，或者你也可以把它们写在你可以随身携带的明信片上。下面的样本集合了害羞的想法和可供替代的慈悲想法，也许可以帮助你开始做这件事。

害羞的想法	可供替代的慈悲想法
我害羞就是不正常。	虽然害羞可能令人不快，但它并非不正常。记住，只有1.3%的人说他们从不害羞，杰出的领导者和受人尊敬的人也会害羞。害羞是一种普遍的情绪，与大脑的进化有关，所以感到害羞是生活的一部分，不是我的错。当我学会以更慈悲的方式思考的时候，我就能更自由地采取措施，学习如何处理我的害羞。
我很无聊，跟我交谈不值得。	不，我有很多有趣的事情要说。只是当我感到社交焦虑和不自在时，我会心不在焉并且过度关注自己，所以很难把它们说出来。如果我对自己友善一点，一步一步来，我就可以学会这样做。
到一个新的环境时，我不知道该说什么。	这是可以理解的，因为焦虑让我专注于基于威胁的想法，这些想法让我分心。我也可能过分努力给人留下深刻印象，给自己施加压力，而不仅仅是谈论日常琐事。我也可以询问别人关于他们自己的问题，找出我们的共同话题。我不见得是人们关注的焦点。我可以寡言少语但面带微笑，显得友好和对别人感兴趣。（研究显示，如果人们看到另一个人似乎感到社交焦虑，但表现得很热情并接近他们时，他们会做出很好的回应，不会受社交焦虑影响。）

(续表)

害羞的想法	可供替代的慈悲想法
如果我邀请某个人跟我约会,对方说"不",我就无法承受。	嗯,被拒绝是令人失望和痛苦的,但"我无法承受"并不是真的。学习如何承受和容忍自己的感受真的对我有用,因为我不会那么害怕它们了。毕竟,我只需要和一个人约会,如果10个人中有9个会拒绝我,那就意味着我只需要问10个人!
但只有我被拒绝了。	当我和朋友们交谈时,他们也会讲述那些不想和他们约会的人的故事,或者失恋的故事。这是生活的一部分。这并非不正常,也并非"只发生在我身上"。我可以给自己一个机会,学会如何处理这些感受,继续邀请别人出去约会。
如果我不同意别人的意见,他们就不会喜欢我。	是的,意见不合会引起情绪波动,但这并不意味着人们不喜欢我。我见过很多例子,人们有分歧,但仍然喜欢和关怀彼此。所以我也许只是觉得他们可能不喜欢我,并没有检验过这一点。如果我不同意别人的意见时,他们看起来很生气或疏远我,我可以问他们我是否让他们心烦或排斥。如果他们说的有道理,我可以学着采取不同的做法。我也可以观察当别人跟他们意见冲突的时候,他们是怎么做的。
	冲突是困难的,但也是富有成效的,因为我们能够了解彼此,知道对每个人来说,什么起作用,什么不起作用。再说一次,学会承受和容忍这些感觉是有帮助的。如果我认为自己是好斗的、逃避的、阴沉的或孤僻的,我可以承认这一点,并以一种友好但坚定的方式提出异议。
	我可以思考自己是否选择了"错误"的人——那种挑剔、需要"自己是对的"、不喜欢别人持不同意见的人。

（续表）

害羞的想法	可供替代的慈悲想法
我得做个演讲，我很焦虑。	对公众演讲的恐惧是人们最常见的。我倾向于把注意力集中在想着事情会搞糟，以及坏事可能会如何发生，而不是想象事情进展顺利，或者至少还不错。我可能会一直让自己感到焦虑。难怪我感觉很糟糕。我可以学着在自己这样做的时候注意到这一点，然后有意识地决定使用舒缓的呼吸节奏。我可以提醒自己在一场演讲中有三个要点就足够了。我可以专注于慢慢地说话，想象自己一步一步地完成演讲。我可以在家里对着镜子练习，或和朋友一起练习。我可以想象，有些听众会对我要说的话感兴趣，并把注意力集中在他们身上。因此，当我注意到自己的思维转向焦虑和对灾难的预期时，我可以温柔地关注到这一点，并友善地重新聚焦于更具支持性的应对想法上。
过完周末后回去工作，别人会谈论他们做过的有趣的事情，而我没有什么可以分享的。他们会觉得我很无聊。	有时人们确实有有趣的经历，但如果我仔细倾听，就会发现情况并非总是如此。我与其关注自己，不如关注他们，并表示他们的分享让我感到快乐。我可以查看一下，是不是嫉妒阻碍我在他们面前表现出为他们高兴，让他们对自己的兴趣畅所欲言。当然，感到嫉妒是可以理解的——这不是我的错。不过，出于嫉妒的行为对我没有帮助。因此，应对这种情况意味着对其他人感兴趣……我甚至可以就周末做些什么获得一些灵感！无论如何，我们都会时不时地闲聊，这绝对没有什么错。
我有时会产生攻击性的或可怕的感受，我确信其他人不会这样。我不能让别人知道我的感受。	我们的大脑经过数百万年的进化，已经塞满了各种各样的东西，这些东西不是我们自己放进去的。事实上，有时人们写下他们的感受和幻想，通过小说或恐怖故事赚了很多钱。我有这些感受并不是错，尽管它们可能令人不快。我们每个人都有自己的私人生活和领域。更重要的是，我在努力变得慈悲和有帮助，对他人，也对我自己。

这些只是提供给你们的想法。请写下一些你的担忧想法，然后想象你的慈悲自我或慈悲形象与你交谈，并帮助你以一种慈悲和应对问题的角度看待这种情况。你将学会不贬低自己，同时应对困难的情况和情绪。

关键是在这些可供替代的想法中注入尽可能多的慈悲感受。在写下你自己的害羞想法和慈悲替代方案之后，浏览你写在右边一栏的意见，依次慢慢地阅读每一条意见，保持舒缓的呼吸节奏，让它们充满善意和理解。不要担心你是否相信这些可供替代的想法，只要怀着善意在脑海中逐一查看它们。看一看当你浏览它们时会发生什么事，专注于言语中的温情善意，以及真诚的助人渴望。你也可以提出另一些可供替代的想法，包括那些可能更适合你的想法。

自我反思练习：害羞的想法和慈悲的替代方案

当你写下自己的害羞想法时，你注意到自己有什么样的感受？

———————————————————————

专注于自己可供替代的想法，给你留下什么样的感受？

———————————————————————

练习：使用慈悲形象

如果你想到了某些对你特别有用的想法，那就试试这个方法。找一张明信片或卡片，上面的图片要带有一定的安抚或慈悲性质。在卡片上写下你慈悲的应对想法。然后花点时间怀着善意阅读你的这些想法。将这张卡片作为你自己的慈悲应对卡随身携带。当你因焦虑而不安时，就把它拿出来读一读。记住，在阅读你的替代方案时，尽力营造一种支持、理解和友善的语气。

自我反思练习：你的慈悲应对卡

你觉得这个练习怎么样？
_____

你认为这个练习有哪些好处？
_____

慈悲的自我修正

在努力克服有问题的害羞的过程中，我们也在学着观察和监督自己，并找出可供替代的思维方式。这种改变包括尝试纠正熟悉但无益的思维和行为方式。两者有着深刻的区别：慈悲的自我修正——温柔、支持、耐心地引导自己朝着更有益的生活和行为方式前进，毫无帮助的自我攻击性批评——导致羞耻和屈辱。正如目前的理论、研究和实践所描述的那样，羞耻、内疚和屈辱有很大的区别。

- 当我们感到内疚时，我们关注的是我们对别人造成的伤害。我们对自己的行为感到悲伤和懊悔，对别人的痛苦感到同情并产生同理心。我们试着站在他们的角度，设身处地看待他们受到的伤害。我们为自己的行为道歉，并尽力做出弥补。
- 当我们感到羞耻时，我们关注的是对自身声誉，以及我们在自己和他人心目中的地位的潜在损害。我们感到非常焦虑，有时也会感到无力、困惑、空虚，生自己的气。我们总想着别人会评价我们是糟糕的、无能的或邪恶的。我们在行为上是顺从的，专注于取悦对方，而我们想要的是逃离。我们可能会怀着歉意否认我们做过的事，试图逃避责任，如果羞耻感非常强烈的话，甚至会在情感上或身体上伤害自己。
- 如果我们感到屈辱，我们会责怪别人，认为是他们导致我们受到伤害。我们感到非常愤怒，想要正义和报复。我们想的是他们不公平,他们如何伤害了我们,并严厉地批判他们。我们的行为聚焦于为自己辩护并寻求报复。

你可以看到,更极端的羞耻和屈辱是被激活的威胁/自我保护系统的一部分。为了保护我们,这个系统加剧了我们的恐惧、焦虑和痛苦。如果陷入彻底的羞耻和自我攻击,我们就会谴责和惩罚自己,通常是为了过去的错误或过失。我们用轻蔑、愤怒、沮丧和失望的态度来对待自己。我们把注意力集中在自认为有问题的地方,害怕被暴露出来。这种羞耻感无处不在,它反映了我们的整个自我和我们假定的失败。我们可能会退缩和回避他人。我们感到害怕,心往下沉,情绪低落,有时又会表现得咄咄逼人。此外,如果感到屈辱,我们就会愤怒,并很可能反复想着我们自认为受到的伤害。

相反,内疚则与舒缓、关怀系统有关,它鼓励我们道歉并安抚对方,安慰他们,恢复他们跟我们在一起时的安全感。我们为自己做错的事感到内疚、悲伤和悔恨,想要让事情变得更好。

慈悲的自我修正让我们专注于改善的愿望和情绪上的成长。我们想着下次如何能做得更好,所以我们鼓励自己,友善地对待自己。我们尝试去看到自己做得好的地方,并以此为基础。我们关注自己想要改进的品质和特性。对成功的希望使我们倾向于保持参与和继续学习。我们学会了友善而迅速地处理内疚，在不让自己感到羞耻和屈辱的情况下努力提升自己。

你脑子里的老师：是批评者还是慈悲的引导者？

当你犯错或经历挫折，感到羞愧时，这里有一个例子和一个练习可以帮助你。想象一个正在学习的孩子，他学得很努力，却不断犯错。严厉的老师关注的是错误，他指出错误的地方，并且声音听起来很恼火。这暗示孩子他不专心或应该更努力。老师表现得好像恐惧和羞耻会激励孩子做得更好。

相反，慈悲的老师会承认学习新东西很难。他关注孩子做得好的地方并以此为基础，表扬孩子的努力，试着找出难点在哪里，并就如何改进给出准确而清晰的反馈。这种老师会提供一个在支持、友善的环境中练习的机会，在这里犯错被认为天然就是学习的自然组成部分。

自我反思练习：脑子里的老师

你脑子里有什么样的"老师"？

_____

当你犯错误或经历挫折时，你会对自己说什么？

_____

注意你是否在犯错误或经历挫折时自我批评。只需对此保持觉知，并一次又一次地转向慈悲的自我修正。这样做有助于你从羞辱自己逐渐转变为慈悲地纠正自己，而前者是消极且有害的。你将一步一步地在整个人生中培养自我慈悲。

慈悲的自我修正相对基于羞耻的自我批评：一个例子

想象有一个女人，我们叫她莎拉，她在工作中参与了一个重要的项目。她的职责是做一个报告，总结该项目的成果。莎拉工作很努力，尤其是因为她对站在满满一屋子人面前感到非常焦虑，而对她的团队来说，这是一个重要的时刻。做报告的那天早上，她感到极度焦虑，以至于没有带上前一天晚上带回家又检查了一遍的最新讲稿就离开了家。结果，她感到心烦意乱，没能做出强有力的演讲——而她本来能够做到。

你可以看到，下面的左边一栏是莎拉自我批评的自动思维，而右边一栏则是与慈悲的自我修正有关的另一种观点。

基于羞耻的自我攻击	慈悲的自我修正
人们感到失望和沮丧。他们认为我不胜任这份工作，不够自信，太容易慌张。	我有这种感觉是可以理解的，因为只有当人们认可我，不生我的气时，我才会感到安全。无论在家里还是在学校，我都感到孤独。我在这个项目上做得很好，其他人都知道。上周老板表扬了我。做完报告以后，一些人表示支持，说他们会忘记一些事情，而我介绍了大部分要点。下次我会在前一天晚上把所有东西都放在门边，并仔细检查，以确保我有最新的材料和笔记。
我的工作团队不希望我加入，他们想找别人。	这个项目受到的关注度和压力都很大。其他团队成员也承受着很大的压力，也会犯错。没有人要求他们离开。我一直在尽力而为，努力工作。
我甚至不应该去尝试。我就是不够好。	我有这种感觉是可以理解的，但感觉不够好与我的过去和父母对我的冷漠和批评有关。但现在对我来说情况并非如此。我很高兴我尝试了。这表明了我的勇气和毅力，以及我实现目标的可能性。
我是个失败者，永远都是局外人。	还是可以理解。我在生活中经常感到孤独，但我有一个支持我的团队和人际关系。我对自己的失望和愤怒是项目压力的一部分。
我可以想象挑剔的父母说："你以为你是谁？我告诉过你，你不够格。"	我知道这幅画面真的很让我受伤，一直如此，但我现在不需要让它来驱动自己。我可以找到信任的人，冒险和他们分享我的感受，他们会给我真诚和有用的反馈。我可以为忘记事情道歉。我之前也道过歉，而且也起了作用。我还需要跟工作团队里的人多谈谈。也许我可以做一些更愉快的活动——我工作太努力了，以至于忽略了自己。
• 羞耻、逃避、恐惧 • 沮丧、情绪低落 • 对自己抱有愤怒和敌意	• 内疚、参与 • 悲伤、悔恨 • 对他人做出弥补

从这个例子中你可以看到，第一栏中的批评导致羞耻、恐惧和逃避，并且莎拉对自己抱有愤怒和敌意。第二栏中的慈悲意见则使得莎拉对她的错误感到适度的懊悔，与受到这个错误影响的其他人进行交流，冷静地思考下一次如何做得更好。

看过这个例子后，看看你是否可以为自己生活中的某个阶段画一张类似的图表。请务必：

- 承认并理解你的感受；
- 专注于你的优势和好的体验；
- 产生可替代的自我支持想法；
- 思考自己想要通过慈悲的自我支持来改变的具体行为。

勇敢面对并反击

除了抚慰自己，慈悲还包括勇敢面对内心那个羞辱你的批评者并加以反击。从把这个内心批评者视觉化开始。它看起来像什么？它是人类还是非人类？它有面部表情吗？哪些情绪是直接指向你的？

现在想象你明智的慈悲自我，或者某个你认为睿智而慈悲的人。花点时间进入那个角色。现在想象你面对着羞辱你的批评者，你可以这样说："我很抱歉，你感到不安和脆弱，想要发泄。但这么做不合适，也不会起作用。现在这里我说了算。"

把你的主要批评者，或者某种程度上促使你自我批评的人的名字写下来可能是个好主意。想想他们的想法和感受，以及他们是否真的把你的最大利益放在心上。如果不是这样，那就把这个句子补全："我认为你没有把我的最大利益放在心上，因为……"或者你可能想要给那个最无益的批评者写一封信，告诉他为什么你认为他没把你的最大利益放在心上，为什么你现在拒绝接受他的批评。你可以稍后决定是否寄出这封信。即使不写信，只是把你的想法和感受写在纸上，也会帮助你深入了解自己内心的批评者。

自我反思练习：勇敢面对批评

那些主要的批评者或促使你自我批评的人，写下他们的名字：

_____

从这里开始写你的信：我认为你没有把我的最大利益放在心上，因为……

_____

这个练习的另一版本被用于一个基于慈悲心训练的研究项目。参与者被要求想象一个"自信、有抵抗力和适应性的形象",一个在面对内心批评者的攻击或虐待时为他们挺身而出的形象。这个形象是坚强、有逻辑、有毅力和自信的。然后他们会写一封信,将强大、"无敌"的信心投射给自己:他们勇敢、决心反击、有逻辑、有适应性、不会容忍卑鄙和不公正的待遇。然后他们会写下 5 句话来反击自我批评,并在 14 天内每天把这 5 句话大声重复 3 次。在两周内,参与者(都是痤疮患者)发现,他们不仅皮肤问题得到了改善,而且抑郁和羞耻程度也降低了。"抵抗攻击"对降低自我批评导致的抑郁尤其有用。

镜子,镜子……形象和想法的修正

当我们感到极度害羞时,我们会想象自己在别人眼中的样子。然而,我们所认为的人们看到的形象会朝着明显消极的方向扭曲。我们以一种挑剔的、吹毛求疵的方式想象自己,寻找任何一点小的不完美或缺陷,加以完全不成比例的夸大。为了帮助害羞者形成更现实和更平衡的自我形象,我们的来访者小组在镜子前练习演讲、脸红和社交。听起来有些自相矛盾,但这其中包括"看"他们自己脸红,感到不自信。事实上,我认为拥有一个更现实的自我形象极为重要,因此我在小组活动的房间里安装了覆盖一整面墙的镜子。来访者可以查看他们的表现，镜子也可以帮助他们专注于自己的想法和感受，然后与他们在镜子里看到的景象进行比较。研究表明，镜子有助于我们觉知内心的想法和感受。并且其他研究表明，当我们实际上不同意大多数人的意见时，照镜子会让我们较少地大声附和他们（与我们看不到自己的时候相比）。

通常，对着镜子自言自语能让你看到完整的自己，而不只是其中一些方面，比如外表的某些部分或特定的行为。换句话说，看到自己可以帮助你修正和平衡关于你自己的基于威胁的想法。我的一个来访者非常担心脸红，他觉得自己确实在重要的商务会议上脸红了。他认为看到他脸红的人都会对他吹毛求疵，轻视他。当我建议使用镜子时，他吓坏了。他坚决不想看自己，他觉得这会让他感觉更糟。尽管如此，他最终决定试一试。他站在离镜子几米远的地方，就他正在管理的项目做了一次简报，介绍最新进展。讲完以后，他转过身面对着我，既震惊又松了一口气。"我看起来没有我想象的那么糟，"他说，"我可以看到自己脸红了，但我发现自己并没有那么挑剔，也没有觉得脸红有多不寻常。看起来很普通。"

我还建议他观察其他人什么时候在会议上脸红。他发现他甚至没有注意到有些人也像他一样脸红了。

你可能想试试类似的方法。想象自己拥有你的慈悲自我的所有品质。感受你温柔、真诚的面部表情。当你照镜子时，告诉自己你有可替代的、有益的、起安抚作用的想法。在这样做的时候，尽可能地表达善意。看看这对你是否有用。如果没用，那就顺其自然，或者等一等，下次再尝试。

> **自我反思练习：从别人的角度看自己**
>
> 在镜子前练习是什么感觉？
> _____
>
> 你学到了什么？
> _____

在你练习演讲前后，或者你想对某人说一些重要的话并为此排练的时候，这个练习特别有用。这样，当你练习的时候，你就能体验到理想中的慈悲自我。这感觉就像在练习前后都有一个善良、温柔、支持你的朋友在你身边，所以你可以在练习的时候无拘无束地专注于你想说的东西。

展开对话

几十年前,德国精神分析学家弗里茨·皮尔斯建立了一个心理治疗学派,后来被称为格式塔疗法。皮尔斯认为,为了促成改变,更多地觉知我们自己的想法和感受是有用的,尤其是通过与坚持坦率和真诚态度的治疗师进行对话,而不是扮演一个角色。他建议的一种练习方式是在两把椅子之间切换。这种练习如今在许多类型的心理治疗中仍然很流行。慈悲聚焦方法使用这些观念和技术来帮助我们在威胁/保护系统和舒缓系统之间建立对话。

练习:使用两把椅子

开始练习时,把两把椅子面对面地放好。坐在其中一把椅子上,大声说出你的担心和忧虑。你不需要深究自己的感受,因为你感兴趣的是自己的思考内容。不要花太多时间批评或责怪自己,也不要陷入那些情绪中。我们的目标是加强你的慈悲心本身和你的慈悲感受。

大声说出担忧后,站起来四处走走,调整到舒缓的呼吸。然后,坐到另一把椅子上,摆出慈悲的姿态。用微微前倾的身体、亲切的面部表情和温和、接纳的语气,表示你真的很想聆听自己的担心和忧虑。坐在那把椅子上,你就是那个慈悲的自己，那个感觉明智、自信、平静和善良的自己。花一两分钟沉浸在这段体验中，然后用温和、友善的语气对焦虑的自己说话。

回到第六章的例子，你可能会这样说："你好，害羞、焦虑、担心的我。"试着用温暖的语气说出来，并报以真诚的关切之情。"你们打算单独相处的时间，伴侣却让其他人也加入，你担心伴侣的做法含有什么意味，这是可以理解的。它出乎意料，让你想起了过去的痛苦经历。我也记得那些经历。我还记得你成功地应对了这些经历并从中学习，并因此而努力建设更好的生活。在我看来，你比你现在接触的人更有勇气和力量。在你心里，你知道你的情绪会平静下来，你和伴侣之间很有可能没什么问题。如果不是这样，你也能应对。"

有时，以别人为例来获得做这个练习的感觉，对练习是有帮助的。这里有一个你可能会喜欢用的方法。

丹想："在今晚的聚会上，我要走到一群人面前，尝试跟他们交谈，这真的让我害怕。当我试着这样做的时候，我感到浑身发抖，手掌开始出汗。我还记得上学的时候，我试图和一个漂亮女孩搭话，被取笑了。我担心人们会认为我很可笑。"

如果你想自己遇到情况之前先练习一下，可以试着慈悲地对丹做出回应。看看你是否可以使用下面这样的短语：

- "你对今晚与人交谈感到焦虑,这是可以理解的,因为_____。"
- "我还记得你成功地应对了_____并从中学习。"
- "我注意到你现在_____。"
- "我认为你比_____更有勇气和力量。"
- "很有可能_____。"
- "如果不是这样,你也能应对_____。"

也许上面的例子可以帮助你开始这个练习。靠你自己,你会更有创造性、更准确地传达对你有用的信息。请小心不要给自己提建议,或者使用"应该"和"不应该"这样的词,或者告诉自己不要有某种感受。这样做会使你的感受失去效力。你的目的是慈悲地接纳自己的感受,将它们视为可以理解的,同时,慈悲地形成思考和应对这些情况的其他方式。花更多的时间坐在"慈悲的椅子"而非"忧虑的椅子"上,这样你就能听到自己的声音,并建立起慈悲思维,在说话的时候吸收和感受它们。你也可以使用"我们"这个词来代替"我",以产生一种与慈悲自我的连接感和亲密感。通常,在练习的时候,你只需要在每把椅子上坐一会儿,并在两把椅子之间来回切换,思考你忘记说的事情,或你想告诉自己的新东西。现在,如果你准备好了,就用你自己的例子来尝试，从说出你担心的事开始。

- "你对今晚与人交谈感到焦虑，这是可以理解的，因为_____。"
- "我还记得你成功地应对了_____并从中学习。"
- "我注意到你现在_____。"
- "我认为你比_____更有勇气和力量。"
- "很有可能_____。"
- "如果不是这样，你也能应对_____。"

活在当下

面对眼前发生的事情，我们很容易感到苦恼。有个同事度过了糟糕的一天，因而对我们粗鲁无礼；我们约了一个朋友去安静地喝一杯，他却和一群吵闹的同事一起出现；经理告诉我们明天必须做一场报告；一个我们不太了解但很想进一步认识的富有魅力的人，突然出现在同一家咖啡馆里，他微笑着向我们打招呼，期待着我们的回应，我们却想不出要说什么！

所有这些事情都会让我们陷入焦虑。然而，我们可以将压力过大和社交焦虑的感觉作为线索，努力让自己重新取得平衡。

练习：紧急再平衡

想象一下，有某个人或某件事让你心烦意乱。

1. 将注意力转移到观察自己的想法、情绪和身体感觉上。可以的话用语言表述出来，给自己一点距离。

2. 让自己慢一点：调整到舒缓的呼吸节奏，专注于身体姿势。让自己微笑并放松肌肉。想象你自己是一个慈悲的人，包括身体姿势也是。"我看 ＿＿＿＿＿＿＿＿＿＿。"

3. 将注意力转移到舒缓/满足系统上。你可以视觉化想象一个让你平静舒缓的地方，通过注意它的感官细节——微风、颜色、声音或气味——来为你奠定基础。想象你的慈悲形象、你自己温暖平静的声音，或者一个慈悲的朋友，理解你、待你友善、支持你、鼓励你。把这些感觉记在心里。

4. 利用这种善意和支持，关注不同的角度，运用你的慈悲思维和推理：你的应对、力量、勇气和坚持。你可以想象自己会对朋友说的话或做的事。我会说："＿＿＿＿＿＿＿＿。"

5. 你也可能会想起某个对你很好并帮助过你的人，或者你把事情处理得很好的类似时刻。

你正在走向威胁/保护系统的边缘,并从积极情绪系统中重新关注自己。要检验什么对你起作用,最好的办法就是试验。你的体验可能会随着时间的变化而变化。如果你每天都做这个练习,真的会很有帮助。只要你感到有一点烦恼,那都是练习技能的好时候。然后,当真正的危机来临时,你就会做好准备。这就像是体育锻炼:如果你已经完成了训练,当真正的比赛开始时,你已经准备好接受挑战。

得到帮助

有时,即使有好的自助建议,例如这本书里所列出的这些建议,事情也困难到我们无法完全靠自己处理好。一个真正重要的工作或社交事件、一场演讲、个人巨变(比如失去爱人或发现外遇、被欺凌、金钱问题或严重疾病)都会加剧害羞和社交焦虑的程度,以至于我们不仅需要自己所能聚集的全部资源,也需要其他人的帮助。我们可以通过平衡自己的思维和慈悲地对待自己来提高自己应对巨大动荡和压力的能力。现在就练习慈悲,在困难时期到来时将会对我们有所帮助。此外,慈悲方法有时意味着寻求更多的帮助,包括专业帮助。在培养自我慈悲的道路上,认识到过于强烈的痛苦可能会让我们无法完全靠自己切换到不同的大脑状态,这是非常有力的一步。

对他人的慈悲思维

在这一章中,我们已经关注了对自己的慈悲思维。我们可以用同样的技巧来帮助自己培养对他人的慈悲心。感到害羞和社交焦虑时,我们很容易退缩到自己的担心和忧虑,变得只顾自己,忘了有时每个人都会感到害羞和社交焦虑,或者只是感到悲伤、失望或沮丧。他们同样需要我们的接纳和支持,就像我们需要他们的接纳和支持一样。将你学到的慈悲技能和慈悲导向扩展到朋友、熟人和你想认识的人身上,有助于你发展良好的人际关系。想象一下,如果你爱的人陷入痛苦,你会有什么感觉。你会怎么跟他们说话?会怎么帮助他们?

> 自我反思练习:你会如何帮助处于痛苦中的朋友?
>
> 我会说:"_____。"
> 我愿意帮忙 _____。

你学会了将慈悲的方法用于自身,现在你可以用同样的方法去关注自己生活中的人,不限于你的朋友、家人和同事。我们所有人都想要幸福,没有人想要痛苦,这也意味着我们所有人都可以学会扩大慈悲的范围，使其不仅包括我们珍惜的人，还包括陌生人、我们不喜欢的人，甚至我们的敌人。当你在工作中或个人生活中与人发生冲突时，试着想象自己处在他们的位置，看看你是否能像他们一样思考和感受。例如，如果一个同事经常粗鲁地对待你，你可能会想象有其他事情让他们承受压力，或者想起他们最近做了多少额外的工作。不要让它变成一个"应该"或"理当"的内在对话——在此刻，这种内在对话来自错误的情绪系统。如果你发现很难对自己和他人抱有慈悲心，不要为此打击自己，这对我们任何人来说都不容易。

我们同舟共济，尽己所能……

我们学到了什么

我们继续通过形成和练习新的思维方式，在大脑中建立新的连接，来发展慈悲的社交适能。

慈悲聚焦方法有意识地触发舒缓系统，而不是威胁/自我保护模式，有助于平衡我们的思维。通过做这个练习，我们一遍又一遍地演练了向舒缓系统的转换。

我们使用"新脑"的推理、智慧和逻辑，让社交焦虑和令人痛苦的害羞思维重新回到平衡。我们可以改变对世界和对我们自己的看法，将那些对我们无益的信念，变成对我们有益的信念。

　　以慈悲的方式应对害羞，有助于你更加慈悲地对待自己。随着你的改变，你也会更加勇敢。在这个过程中，我们可以为改变这个世界提供助力，让它成为一个更慈悲的地方。

第八章

抵御外界打击的慈悲行为

人类的慈悲行为是从群居哺乳动物的利他主义和关怀行为进化而来的,其中母亲为其幼崽提供的各种照顾尤其重要。例如,在许多哺乳动物中,母亲对幼崽求救的叫声都很敏感,听到后会过来帮助安抚或援救它们。当然,不只是母亲能够敏锐感知他人痛苦:事实上,进化使我们对自己和他人的痛苦都十分敏感,并且产生想要减轻痛苦的愿望。当然,这就是慈悲的基础。

因此,慈悲行为就是采取行动,做一些旨在提供帮助、鼓励和支持的事情,特别是当我们或他人面临痛苦或困难时。慈悲行为意味着以慈悲的方式对待他人和自己,减轻痛苦,让我们朝着目标前进。它包括旨在教导、引导和指导,以及养育、安抚和保护的行为。因此,它虽然与照顾自己有关，但往往也意味着做一些挑战我们或吓到我们的事情，比如结交新朋友，与已经认识的人更加亲密，表达自己受到伤害或表现得更加自信。这些行为从长远来看是有益的，但在短期内需要勇气和坚持。慈悲的帮助并不等于顺从，只是屈从于他人的话，我们会心怀不满，并且过分需要认可。慈悲行为包括自信，勇敢地面对他人并划定界限。有时人们以为慈悲行为只是表现得友好，把自己的愤怒或不满隐藏起来，或者总是把别人放在第一位。然而，这是一种误解，因为这意味着我们需要对自己真实的思考和感受撒谎。相反，慈悲行为是诚实和真诚地对待我们自己和别人，同时不去故意伤害别人，并考虑到他们的需求和感受。

在我们改变和成长的过程中，我们也需要对自己表现出慈悲心。我们在建立新的行为方式时，可能会发现自己陷入了新的困境；我们在变得更加自信，积极抵制害羞的负面刻板印象时，可能会在不知不觉中招致他人的支配行为。我们将探讨如何抑制这样做的冲动，还有如何应对欺凌。

慈悲行动：向我们的目标迈进

计划新的行为：逐步法

当我们脑子里有个目标的时候，思考我们为了接近目标具体需要做什么，这是有意义的。从简单的事情开始，循序渐进，每一步都建立在前一步的基础上，这也是有意义的。例如，如果你想要让身体健康，你会首先做出一个决定（比如说）去健身房，然后获得某些运动建议，逐渐培养这些运动的技能。

处理害羞问题也是一样。如果害羞让我们感到不舒服，我们就倾向于退缩、远离他人，所以，我们想要培养那些帮助我们走向他人并与他们交往的技能。问题是，当我们感到害羞，尤其是还感到有点情绪低落的时候，即使是简单的事情也会令人望而生畏，而我们本可以从那些事情开始，逐渐减少自己对社交接触的回避。所以，思考一些可能对你的害羞构成"挑战"的小步骤——并认识到只要你能够完成其中一个步骤，你就向前迈进了一步。当你尝试决定采取哪些步骤时，你可以想一想我们在害羞小组中用来指导自己的座右铭："寻找具有挑战性或延展性但不是那种难以承受的步骤。"

从小事开始更好。因此，你可以选择一些简单的事情，比如愉快地跟你的邻居或超市的收银员打招呼，问他们过得怎么样，就天气或时事随意聊两句。比如在每周一次的工作例会上公开发言。比如对吸引你的人微笑，或者对所有人微笑。如果你不是垂下眼睛，显得孤僻或冷漠，而是对人们微笑的话，他们更可能积极地回应你。

练习新的行为:开始采取主动

因此,你可以练习对周围的人微笑,并注意他们的反应。当你问一个简单的问题,比如"你今天过得怎么样?"时,要对对方的回答表示出兴趣。和别人说话的时候,要看着对方,而不是把目光移开。如果你对电脑或汽车之类的东西感兴趣,你可以尝试走进商店或者展厅,让一个工作人员向你展示他们认为最好的型号。他们这样做了以后,你可以感谢他们,然后离开。如果你买了一件自己不是很想要的产品或衣服,把它还给销售人员,并告诉他们这东西不合适,你想退货。当你完成交易后,对他们表示感谢。如果你感到紧张,记得微笑。如果你没有东西可以退,那就买一些东西然后退货,这样你就可以提高技能。如果同事或朋友提出一个不合理的要求,比如要求你在一个项目中承担远超你份额的工作,你要礼貌而坚定地说"不",并简要解释为什么对你来说这个要求不恰当。

你可以从这么做开始——邀请朋友出去喝一杯,甚至邀请他们到家里吃饭或者一起去看电影。在这些行动中,我们开始主动行动。如果有人来不了或拒绝了,那么你仍然取得了进步:你可以这样想,你做出了努力,你正在应对挫折,你可以再次尝试,直到得到肯定的回答。

你也许会看到自己能够帮助的人——例如,正在费力地打理花园的邻居老人。你可以伸出援助之手,对他们表示关心。你可以考虑加入志愿者组织，在那里你可以和其他人合作，参与你选择的活动。

练习与人交往而不过分挑战自己的另一个好方法，就是加入一群正在从事你所感兴趣的活动的人，比如绘画或冥想。如果你热爱运动，你可以申请加入一个有组织的运动队——害羞通常与良好的团队合作精神有关。如果你正在上高中或大学的话，这一点可能尤其有帮助。教练通常不会介意你感到害羞，只要你尽自己最大努力发挥好——事实上，他们有时会帮助你更多地与其他团队成员接触。如果你感到社交焦虑，加入一个运动队会是一个很大的挑战，但这往往是值得的，因为运动队能给我们一种归属感。它也能真正发挥出害羞的力量。许多害羞的运动员都成了优秀的队长：他们能很好地理解队员的感受，为他们着想，思维缜密，善于制定策略。队友通常对他们很忠诚！

无论你决定做什么，关键是要敞开心扉与他人交往。通过这种方式，你可以克服自己的害羞，练习社交行为。具体的做法取决于你自己。然而，关键是要能够练习社交互动。只要坚持练习，每一次踏出一步，不论这一步有多小。记住，千里之行始于足下。

自我反思练习：开始朝着目标前进

当你想要迈出一小步时，你注意到自己有什么感受了吗？

_____

你想要采取的头一两个小步骤是什么？

_____

练习想要的行为

为了保持进步，提前计划好你将要采取的步骤是个好主意。例如，在社交适能训练中，人们每周给自己分配了三种新的行为练习，比如跟同事打招呼，或者跟他们想结识的人说话。也许你可以提议找个时间一起喝杯咖啡或吃顿午餐。可以和别人一起进行头脑风暴，想出一些热情友好的言辞和行动，作为你新的行为方式的一部分，也想一想如果事情没有像你计划的那样进行时该怎么做。头脑风暴的内容也可以包括当事情真的出错时该做什么，因为出错这种事在我们所有人身上都会发生。如果我们因为紧张而写错了地址，或者（但愿不会发生）去了错误的咖啡馆，或将别人指到了错误的地点，怎么办呢？如果对我们每天都在担心搞砸，并且时而的确搞砸了的那些事情付之一笑,哪怕只是微微一笑,也是你实现自我慈悲的另一种方式。

练习:写一封慈悲的信来支持自己

改变我们的行为对我们所有人来说都是个挑战:所以,在开始之前给你自己写一封信会很有帮助。首先,它创造了一种慈悲和鼓励的内心方向;写信的时候,你可以计划和思考你要做哪些不一样的事情。在信中,你可以阐明为什么改变你的行为可能对你有益;你可以考虑哪些事情比较容易,哪些比较困难,然后考虑如何处理比较困难的事情。正如我们之前看到的,用这种方式把事情写下来是非常有用的。

当你写信的时候,试着进入理想的慈悲自我的角色,一个明智、坚强、深刻理解和关心你并且相信你的人(见第157页"练习:慈悲的理想自我")。或者如果你愿意,也可以想象你的完美滋养者的形象,想象他友善地与你沟通,给予你支持和鼓励,帮助你去做一些你一直回避或觉得困难的事情。

选择某一种行为作为开始。你可以这样开头:"做这件事(例如,邀请某人去约会,参加工作面试,跟老板或经理会面,在朋友或同事面前坚持自己的权利)让我感到社交焦虑是可以理解的,因为……事实上,几乎每个人时不时都会有害羞的体验。"不要担心信写得是否"正确"。你做这个实验是为了去感受它；通过练习，你会变得对此驾轻就熟，这时候，你会发现你的信越来越容易写，对你的帮助也更大了。

> **自我反思练习：给自己写一封信**
>
> 当你开始写信时，你注意到了什么？
> ___
>
> 放弃"正确"地写信是什么感觉？
> ___

接下来，写下你能做些什么来帮助自己应对这种情况。例如，你可以回忆这样一些时刻，尽管（在事情发生之前）你以为自己应对不了，结果却处理得很好。例如："我知道我感到焦虑，但我记得两周前我做到了……"现在写下你能采取的步骤。所以，你可能会写一些以"我可以……"和"我将能够……"或"如果发生这种事，那么我会……"开头的句子。一边写，一边想象自己正在应对。你做的这个练习属于我们在本书前面探讨过的慈悲思维方式之一：把注意力集中于对你有帮助的事情，而不是一直想着你的恐惧，导致威胁系统受到刺激。

试着拒绝说"你应该"或给自己建议。相反,你可以这样写:"我觉得自己可以多忍受一点焦虑,以便……现在让我想想,什么东西可以帮助我开始?"你可以通过觉知自己在写这封信时的感受来判断它是否有用,过几天后再读一遍。如果这封信让你感觉亲切、善解人意、温柔、温暖,那么它对你来说可能更有帮助。

所以,练习写下你为了实现某个目标可以采取的一些小步骤,并做好在下周完成这些步骤的打算。尽你所能地关注你理想中的慈悲形象或完美的滋养者,他们认同你,支持你的努力,让你安心——当你尽管感到害羞,但还是去做一些社交活动时,他们会等着为你鼓掌,鼓励你。记住,他们是你心目中的理想形象,超越了人类的不完美,因为他们来自你的想象。这个人(或者动物、形象)理解你的感受,将他们视为人类天性的一部分,并且始终关心你,不管你感觉如何。提醒自己这一点,可能会让你在探索的时候感觉更自由:结识新朋友,与他们交谈,加入俱乐部或参加体育运动;在需要的时候向朋友、导师和教练求助。向别人求助是一种很好的方式,意味着慈悲地对待自己,同时减少自己的社交焦虑。

> **自我反思练习：你在写作时的感受**
>
> 写这封信的时候，你注意到自己有什么感觉？
> _____
>
> 你能感到对自己的一丝温暖和慈悲吗？
> _____

反思你所采取的步骤

利用你的记忆，让自己从一开始就产生自信感，这样做是有用的——即使你在开始时感觉不太自信。例如，你可以回想自己采取社交冒险行为，结果事情的发展对你有利的时候，或者记起自己曾在新环境中感到社交焦虑，但随后就变得自在的时候。记住你以前是如何应对并挺过去的。如果你发现自己忽视了这些努力，只要注意到这一点，然后把注意力重新集中到你的努力上。想一想，不管眼前的结果如何，知道你正在帮助自己成长，培养对自己的信任和信心，你会有什么样的感觉？

自我反思练习：记住积极的结果

写下一句话，描述事情发展顺利的时候：

_____

有时候你会发现自己在想："我今天或这周什么都没做。"当这种情况发生时，这么问自己会有所帮助："好吧，这周我做过任何以前没做过的事情吗？"有趣的是，你可能会发现这能唤醒你的记忆，你记起了自己做过的一两件新事情。这些事情可能并不属于你计划中的步骤，但你还是做了，即使事情很小，但也值得注意。所以，当你认为自己什么都没做时，记得问自己这个问题。你可能会对自己忽视的东西感到惊讶！

自我反思练习：尝试新事物

写下你上周做过的一两件新的事情：

_____

承担责任

我们的大脑被设计成在某些情况下会体验到焦虑感,并且我们在感到令人不舒服的害羞或社交焦虑的难易程度上存在差异,但如果这一点妨碍了你在生活中做自己想做的事情,那么理解并不意味着不对它采取任何措施。事实上,情况恰恰相反。认识到我们拥有一个对引起害羞的情况十分敏感的大脑,这可能是一种行动的号召。当然,对于我们个人感到敏感的很多方面,这都是适用的。如果你更喜欢阅读而不是锻炼,那么制订锻炼计划并奖励自己是有用的。这样做很有挑战性、很困难,但这就是生活的本质,理解我们是如何被塑造的,并努力让自己发挥到最好。所以,当我们把这种做法用于有问题的害羞时,意味着我们认识到了,对令人痛苦的害羞经历敏感和脆弱并不是我们的错,但我们可以下定决心,用慈悲的方式解决与害羞有关的任何问题或痛苦,这样我们的生活就不会被社交焦虑所支配。

正如我们之前所说,这并不意味着需要把敏感或害羞的性情变成大胆无畏的性情,或者如果你性格内向,需要变得外向或成为社交场上的活跃人物。当你非常担心别人对你的评价,以至于不去寻求友谊、理想的工作或有趣的活动时,减少社交焦虑和痛苦的害羞就很重要了。再说一次,这里要记住的一点就是,你觉得能够去做自己真正想做和重视的事情。

多年来与习惯性害羞者一起工作的经历教会了我这一点，当习惯性害羞者致力于解决有问题的害羞时，他们能够在练习的环境中减少害羞，并且自我感觉更好，在生活中更投入，社交上也感到更加得心应手。如果感觉对了，那么跟一个支持你的朋友或家人一起讨论和练习是有帮助的，但你也可以靠自己采取一些小步骤，让温暖、坚强、友善且关怀的慈悲自我来做这件事。

在竞争激烈的环境中，我们所有人都受到传统的男子气概观念的不利影响，那就是麻木不仁、不善表达和强硬，因为人们都具备女性化和男性化的特点。正如我们在第一章中提到的，如果男人担心自己不够强势、过于敏感而找不到女朋友或伴侣，那么邀请一个女人出去约会，告诉她你有点害羞，看看她的反应如何，这可能是一个有用的练习。你并不需要就自己的害羞进行解释或长篇大论，不过，如果你有点儿沉默寡言，这样做确实会让人知道你并不是冷漠。事实上，在这一点上关注她本人和她的兴趣确实是有用的。这会减少你的不自在，你可以寻找你们的共同点。我的一个来访者尝试过这个练习，当他的约会对象说"我很高兴你能这么说。我也是这样！"时，他感到非常安心。

有自信

自信是在不侵犯他人权利、不咄咄逼人的情况下表达自身情绪和需求的能力。感到害羞时我们经常试图取悦别人以避免被拒绝,这样做可能会侵犯我们自己的权利。自信是一种习得的技能,包括表达和维护我们在价值观、信仰、观点和情绪方面的权利,以及自己决定是否要对我们的情绪做出解释或证明其合理性。它包括告诉别人我们希望他们如何对待我们、表达自己以及能够说不。有时,自信也包括说"我不知道""我不理解"或"我不在乎"。这意味着我们需要花费必要的时间来形成我们的想法、犯错误,以及为我们自己和我们想要的东西挺身而出,它包括期待甚至要求得到尊重。

学会自信是有用的,尤其是在工作场所。同样,最好还是一小步一小步地进行,这样你就不会感到不堪重负。下面这个练习给你提供机会来练习自己想说的话。做这个练习时,你会感到你的社交焦虑上升后又下降,当你习惯于这样做时,你会感到焦虑上升得更少,下降得更快了。你就是这样学会忍受焦虑,以及通过练习减少焦虑的。

练习：慈悲的自我主张

首先，进行几次舒缓的呼吸。现在想象你明智、坚强、友善且慈悲的自我说出了一个你的真实想法——一些别人可能不想听的话，比如你的工作量太大了，或者有些事情不能在特定的时间内做完。自信不一定是反对别人说的话或想要的东西，给别人指路或主动领导一个项目也需要自信，并且同样具有挑战性。做项目领导是特别宝贵的学习经历，向更有经验的领导者寻求帮助则是加强自信的另一种途径。

在镜子前做这个练习会有帮助。我们会遇到一些需要坚持自我主张的场合，在那之前对着镜子练习的时候，我有时会注意到我看起来和听起来都比我以为的更自信，或者我能看到自己想要改变的特定行为方式——例如，这样我就能站直身体，更直接地面对对方。如果你愿意，现在就在镜子前练习要求得到你想要的东西，或说"不"。

自我反思练习：学会坚持自我主张

刚才在镜子前练习的时候，你注意到了什么？

直截了当地索要我们想要的东西，并不意味着我们显得像个受害者或者难以满足。练习自我主张的时候，我们也可以听出两者的区别。如果我们记住这一点，即我们一起处在这种情况下，各自只是其中的一个角色，都在尽自己所能让一切顺利，这也是有帮助的。在做这件事的时候要记住，对自己保持友善、包容和慈悲的态度是很重要的。

在改变行为时对困境和矛盾心理予以慈悲

当我们感到害羞，不想伤害别人的感情，难以说出我们的想法和感受时，困境就会特别具有挑战性。例如，你可能既生某些人的气，同时又真的很关心他们。有些矛盾心理是所有人际关系都包含的。也许你还没有让对方知道你想要什么，你的感受如何，包括困扰你的是什么。也许你一直在累积怨恨，却没有弄清对方在想什么，有什么感受。

再说一次，写信是有用的。有时候，当我们写下自己的感受——尤其是相互冲突的感受时，就会对它们有更好的或不同的理解。有时候，感觉本身会改变，有时候，如果对自己和他人怀有慈悲，依照我们的感受去行动就会变得更容易。

练习：写下一个困境

当你做这个练习的时候，首先舒缓地呼吸一到两分钟。调动你慈悲、明智、坚强、善解人意的理想自我，感受他们对你的友善和温暖。

试着以这样的话开头："这对我来说很难说出口，因为……"这可以帮助你开始。现在写下所有让你心烦或生气的事情。索要你需要的东西，或告诉对方到底是他们的什么行为引发了你的痛苦感受，以此来坚持自我主张可能是有用的。看看你是否能想到他们具体做了什么或说了什么。不要退缩——你不会伤害任何人，因为这封信只是写给你一个人的。有时，当我们写下自己的感受，尤其是相互冲突的感受时，我们会更好地理解它们，或者以不同的方式理解它们，有时它们会发生变化。有时它会帮助我们依照自己的感受去行动，并对自己和他人怀有慈悲。这个练习只是帮助你更具体地了解你真正想做的事情，这样你就可以决定自己是否想要采取行动。

完成这个练习后，你可以舒展一下身体，四处走走，然后尝试下一部分练习。

微笑，承认你的人类情感，平静而舒缓地呼吸几次。现在写下你喜欢和欣赏这个人的所有地方。想一想你希望他如何茁壮成长，免于苦难，平静安宁。把这些写下来，即使你不喜欢这个人,并且认为自己永远都不会喜欢他,写下一些对他的慈悲想法也是有用的。这可能会帮助你更好地了解他(和你自己)。

> 自我反思练习:这对我来说很难说出口,因为……
>
> 你现在有什么感受?
>
> 有什么事情对你来说特别突出吗?

这个练习是一个机会,让你可以去接触冲突或强烈的情绪,去理解你的感受是正常的,并以一种对你有帮助的方式来处理这些感受。在我和夫妻一起工作的时候,有时他们和我会同时对这一点感到震惊,即通常那些让我们发疯的事情,也是深爱的人让我们欣赏的地方。

认识无益的关系

有时在内心深处我们知道某一段友谊对我们没有好处,别人可能利用了我们喜欢倾听的事实,不引导我们说话,或者从不问我们的意见，另一个困境就与此有关。我们知道，我们要么需要在这段关系中坚持自我主张，再给它一次机会，要么需要离开它。有时候你心里知道朋友并不那么在乎你，但你还是紧紧抓住他不放，因为你害怕孤独。

当需要离开那些阻碍我们前进、无助于我们成长或根本不适合我们的亲密关系时，我们尤其难以做到。我们中的许多人在分手时都很挣扎，因为这段关系给了我们安全感，我们不想伤害我们要离开的人，因为我们知道，一段不适合的关系不是任何人的错。有时只是因为我们知道被伤害是什么感觉，而我们不想伤害别人；有时我们害怕再次孤身走出家门，进入这个世界。要改变你的生活方式，从等待别人的选择或给予，到追求自己想要的东西，这也是非常困难的。

如果你发现自己处于这样的困境中，提醒自己，这并不会让你成为不称职的人或坏人，你只是一个普通人。好消息是，对于自己那些不好的感受，我们可以感到慈悲和理解，在为自己的行为承担责任的同时安慰自己。随着行为发生变化，一些感受会自然地产生，慈悲地对待这些感受能够让你感到安慰，你无须回避这些感受或沉溺其中。

练习：慈悲地退出一段关系

调整到舒缓的呼吸节奏并持续几分钟，回想你明智、坚强、善解人意的慈悲自我。当你能够真正感受到温暖和理解的时候，想一想那段关系（你内心深处知道它于你没有好处），以及那个人是如何对待你的。然后想象你和一个真正关心你及你的幸福的朋友在一起，想一想你要付出什么代价才会分手，去寻求另一段关系。如果你开始感到难以承受，只需重新关注呼吸和你的慈悲自我。如果你感觉相对平静，就继续考虑自己可以通过采取哪些小步骤来退出这段关系，以及找到一个更好或更合适的朋友或伴侣，把这段关系抛在脑后。如果你准备好了，就在停下来之前，先用几分钟去觉知慈悲自我的温暖和理解。如果你想过自己可能会做些什么来摆脱这段关系，寻找新朋友，花点时间把它们作为可行的步骤写下来，当你做好准备时就可以采取这些步骤来分手。

下面是几个例子，这些人意识到一段曾经很重要的关系已经变得对他们无益，并采取了一些步骤来退出。

约翰和比尔从小就是朋友。约翰认为比尔是他唯一的朋友，但是比尔比约翰更加外向，有很多朋友——事实上，他往往是社交聚会中的灵魂人物，几乎总是人们关注的中心。约翰喜欢和比尔做朋友，因为他跟着比尔，不费什么力气就能跟别人玩到一起。然而，他注意到，比尔似乎对他的想法或他要说的话不感兴趣；约翰是一个很好的倾听者，大部分时间都是比尔的听众。当约翰意识到他需要自己去接触别人，让他们了解自己，并且更深入地了解他们，他开始采取一些小步骤去发展其他的友谊。他的第一步是在聚会上主动与别人单独交谈，而不是只待在围绕着比尔的圈子里。然后他邀请了一个人和他一起去看电影，邀请了另一个人和他共进午餐。他还加入了一个摄影俱乐部，坚持每次开会时至少和一个人交谈，最后还邀请了其中一个人课后一起喝咖啡。他还邀请了另一个人一起参加他最喜欢的徒步旅行，一起拍照。

琼的丈夫比她外向得多。她在他那些吵闹的朋友中间感到害羞，希望自己能有更多的时间去从事那些她真正喜欢的独处活动。但是她的丈夫既不能理解她在他朋友面前会害羞，也不能理解她需要独处的时间。当她试图向他解释时，他会很受伤害，说她不在乎他。他还经常发脾气，试图控制她的行为，告诉她，她应该想和他的朋友们在一起，如果她不想，那她就有问题。琼明白他并不是有意伤害自己，她觉得他们彼此相爱，但丈夫不断的批评正在侵蚀她的自尊。她开始意识到她可能需要离婚。

琼的第一步是告诉丈夫，她感到受伤和被误解。她告诉他，她爱他，但她更喜欢和他一起阅读和散步，而不是和一群朋友一起看电视上的足球比赛。他们讨论了很多次，她告诉他，他做的哪些具体事情伤害了她，而他告诉她更多的是他自己的挫折感。她意识到他们想要的生活是不同的。她内向没有错，他外向也没有错，他们只是没有足够的共同之处。在把事情讨论清楚，并接受了几次心理咨询（帮助他们互相倾听）后，他们达成了一致，他们会尝试继续做好朋友，但是时候寻找其他伴侣了。

当慈悲行为需要勇气时

想到慈悲行为时，我们通常想到的是对自己和他人的小小的善意。这些善意大多并不会让我们付出太多，但有些慈悲行为确实需要勇气。我们已经讨论过应对威胁／自我保护系统所需要的勇气，以及当我们改变自己的行为，做我们害怕的事情时，应对它们在我们身上产生的焦虑、恐惧和愤怒所需要的勇气。勇气还意味着抵制我们自己的欲望，当你并不真正尊重某个特定群体，不相信他们所做的事情时，勇气就包括抵制成为其中一员，得到其领导人的欣赏的欲望。离开这样的群体，去寻找合作的、平等的、成员相互关心的群体需要勇气。在这种情况以及其他情况下，慈悲行为也要求你有勇气反对其他人，包括权威人士。

自我反思练习：为培养勇气做准备

你能想到一种情况吗？在这种情况下，你觉得自己需要更多地说出自己的想法？如果是这样，写下下一次你在这种情况下会说什么。

_____

_____

反抗的勇气

我们的大脑所配备的欲望，让我们适合生活在一个资源匮乏的世界里个体相互依赖的小群体中。如今很少有人生活在小群体中，我们大多数人生活在一个社会隔绝程度更高的世界里。如果感到害羞，我们会倾向于避免进入性亲密关系的风险，而当孤独伴随着严重的害羞或社交焦虑时，互联网上的色情图片的诱惑可能特别强大，作为一种替代方式，虽然孤独，但可以满足我们自己，同时避免预期的尴尬和变得亲密的风险。然而，我们心里知道，从长远来看，亲近真实的人所带来的情感温暖和生理舒适是我们茁壮成长所需要的。如果这一点对你适用，那么你可能想尝试以下练习：

练习：抵制网络性爱

花几分钟保持舒缓的呼吸节奏，然后回想你明智、坚强、包容并深切关心你福祉的慈悲自我。然后，当你感到平静和被关心时，拿出你的笔记本或写作材料，在上面分出两栏，其中一栏的标题是"利用互联网进行自慰的优点"，另一个是"使用互联网进行自慰的缺点"。在标题下列出你所看到的两者各自的优缺点。试着写下这样做是有助于你寻求性伴侣，还是会造成阻碍。

做完这个练习，再进行几次舒缓的呼吸之后，如果感觉不错，那就写下在不让自己感到难以承受的前提下，你可以采取哪几个小步骤来减少网络性爱的时间（也许一开始只减少几分钟），以及增加与潜在性伴侣的接触（也许从跟吸引你的人打招呼这样的小事开始，或者进行一段简短的谈话，或者开始一段友谊，或者通过了解在线约会服务来帮助你慢速开始）。

拒绝别人

为了练习慈悲，我们可能需要反对别人或自己。这些人可能是权威人士，也可能是我们自己的孩子！如果我们是习惯性害羞者，拒绝孩子对垃圾食品或电脑游戏的要求是很有挑战性的，尤其是如果我们意识到自己提供给孩子的帮助比他们需要的要少时，要么是因为我们把时间花在工作上，要么是因为我们宁愿不带他们去一些我们必须跟其他父母交际的地方。也可能你知道自己必须解雇某个同事，因为他的技能没有达到你需要的水平，不能完成某项重要的工作——你知道自己必须做这件事，但你一直在推迟这件不可避免的事，因为你讨厌做"坏人"。从这些例子中我们可以看出，顺从的行为并不慈悲。因为困难而不去做正确的事情，你就没有慈悲地对待自己或他人，正如我们要做心里明知不对的事情一样。

对权力说真话

慈悲行为需要勇气的另一种情况，就是我们需要"对权力说真话"的时候——在特定情况下，对权威人士或掌握权力的人说出我们的想法。强势而有魅力的领导者能够说服我们服从他们的目标，他们经常夸大威胁来增加自身权力。20世纪90年代，菲利普·津巴多在斯坦福大学教授了一门非常有用的课程，叫作"精神控制心理学"。他帮助学生们理解我们每个人都容易被权力者误导或恶意影响，尤其是当我们感到脆弱或孤独，或者正在度过我们每个人都会经历的人生重大转折的时候。例如，人们常常以友谊的名义被逐步招募到邪教群体中，一开始得到理解和关心，然后才被灌输群体的内部运作和信仰——可能不太仁慈，甚至是剥削性的。如果感到害羞和孤独，那么我们在面临这些情况时，可能特别脆弱，容易受到伤害。或者思考一下专制和破坏性的领导人往往出现在动荡不定、压力很大的时期，此时我们需要一个自信的领导人，一个"知道自己在做什么"的人。在面对复杂的问题时，与其尽力去应对全部的复杂问题，相信某个人拥有答案并且保护我们要容易得多。渴望权力的领导人利用了这种对安全和保护的渴望，利用存在于我们所有人身上对于自卑和羞耻的恐惧心理。这就是为什么人们会站在那里看着别人受欺凌，而不敢反抗欺凌者或寻求帮助。

如果我们害羞且犹豫不决，就可能沦为别人的猎物，猎手就是那些极其强势却不在乎我们利益的人。我们的"小心总比后悔好"的策略通常包括隐藏我们的想法和感受，担心别人会怎么想，而没有后退一步问问真实的自己，依照我们自己的价值观，我们真正的想法是什么、想要做什么。学着根据这些价值观去公开发言和行动，尤其在面对权势人物的压力时，这是一个真正的挑战，当然需要勇气。然而，在这样做的同时对自己和他人怀有慈悲，这会让生命有意义。

> **自我反思练习：勇于坚持自己的信念**
>
> 也许在某种情况下，你心里知道，你为了忠于自己的价值观得说点什么，这很重要，但你没有这么做。描述这个情况，并把你真正想说的话写下来：
>
> _____
>
> _____

如果你或你在乎的人被欺凌

研究人员将欺凌定义为：更有权力的个人或群体对弱者施加的、以伤害或困扰为目的的重复行为。这种权力失衡可能是身体上的，也可能是心理上的，攻击性行为可能以辱骂、威胁、殴打、传播谣言或回避和排斥的形式出现。

儿童和年青人中的欺凌

对 2001 年发表的国际性研究的综述发现，各国学生报告在当前学期至少遭受一次欺凌的比例从低（15%）到高（70%）不等。美国一项对 23 所学校中欺凌行为的研究显示,总体而言,最常见的欺凌形式是直接的言语攻击,无论男女。在男孩中最常见的是身体攻击。在女孩中最常见的是间接攻击,她们报告了辱骂、取笑、谣言、排斥和偷窃私人物品的欺凌行为。任何形式的欺凌行为的参与者,往往是心理适应能力较差的人。在美国,阻止校园欺凌已经成为一项全国性项目,有许多有用的网站提供应对欺凌的技巧。

如果你的孩子很害羞,他或她可能会成为反复欺凌的目标,留下持久的情感创伤。社交孤立或缺乏社交技能是反复欺凌的风险因素。因此,了解害羞儿童就读的学校里发生了多少欺凌行为,以及采取了哪些措施来密切关注和制止欺凌行为,是非常重要的。有趣的是,最近的研究表明,有天赋的孩子也更容易被欺负,所以一个既有天赋又害羞的孩子可能尤其容易受到伤害。每个学校的管理部门都对此负责,但你和其他家长可能必须监督其管理水平,推动行动并监督行动是否持续——又一次实践自信和慈悲的勇气的机会!

练习:回忆欺凌

调整到舒缓的呼吸节奏,花几分钟时间回想你明智、善解人意、友善的慈悲自我。然后,如果你愿意,看看脑海中是否出现任何有关欺凌的想法或意象。它们可能与被欺凌或目睹别人被欺凌有关。如果你意识到自己小时候被欺凌过,你只需感受你友善、包容、理解和关怀的自我在倾听你对欺凌行为及其对你造成的影响的想法和感受，花点时间真正去感受自己的慈悲自我（或慈悲形象）如何理解你的感受。

> **自我反思练习：欺凌**
>
> 如果你确实记得被欺凌过，你认为在欺凌问题上，我们所有人都要学习和遵守的最重要的事情是什么？

职场欺凌

根据2008年福布斯网站健康栏目中一篇文章所报道的一项国际性调查，在美国和许多西方国家，职场欺凌已经成为一个突出的问题，并且已经是一种司空见惯的现象。据估计，高达37%的雇员反复遭到苛待，如果将目击者包括在内，这个比例则上升到49%。更重要的是，除非情况严重，否则你不太可能意识到欺凌正在发生。工作场所欺凌与创伤研究所的加里·纳米在采访中说，80%的被欺凌者是女性，据估计，每六名雇员中就有一人遭受欺凌，女性和男性一样会欺凌别人。然而，与我们通常认为的相反，根据该报道，被欺凌者通常既不敏感也不脆弱。事实上,被欺凌的目标看起来风度翩翩,也很有能力;招致欺凌的原因是欺凌在残酷环境中被视为竞争,欺凌者会得到晋升的奖励。然而,欺凌者显然会寻找那些想要取悦别人、不愿对抗,但仍被视为威胁的人。如果你感到害羞,你可能会低估自己的能力,意识不到自己对缺乏安全感的老板或同事构成了威胁。

用慈悲方法反抗欺凌者

保罗·吉尔伯特在《慈悲之心》一书中建议,你在面对欺凌者时可以这样说:"我觉得你的一些批评让我心烦意乱,它们让我无法很好地发挥自己的作用。如果您能关注您认为我做得好的方面,并在这个基础上……那将对我很有帮助。"万一欺凌者想停止欺凌行为的话,这就给了欺凌者一些具体的东西,也提供了让对话可以朝更加慈悲的方向进行的机会。如果欺凌者对这种方法反应不佳——如果他们贬低或嘲笑这种方法,或者只是继续欺凌行为——你可能需要从别的同事、工会或其他代表机构那里寻求帮助。

如果在工作中遭到欺凌,即使能够得到一些帮助,你也可能会为所发生的事情感到羞耻,认为别人看不起你。如果是这样,那么一开始就写下你的想法是有帮助的。

练习：收集你对职场欺凌的看法

首先，进行几次舒缓的呼吸，觉知你的慈悲自我（或形象），花点时间去真正感受他们的温暖、善良、理解、接纳和对你的深切关怀。

现在，将笔记本的一页或一张纸分成两栏。在第一栏中，写下你认为周围的人在想什么，然后写下与之相关的主要恐惧。在第二栏，写下你内心的羞耻体验，你内心有什么感受，然后写下与这些体验相关的主要恐惧。如果你感到内心有羞耻感，你可能会注意到你的主要恐惧类似于担忧别人的想法，以及他们是怎么看你的。例如，你可能担心没有人想要你或需要你，或你自己不够好，并且担心别人恰恰就是这么看你的；或者你可能会因为无力保护自己免遭欺凌而感到害怕，并担心人们会因此而鄙视你。

这个练习是为了帮助你认识到，我们都很容易误解当人们看到别人被欺凌时的想法。他们像我们所有人一样害怕被欺凌，所以他们可能不会在你需要的时候提供支持，或者表现出对你的关心。这当然不意味着他们不同情你，更不意味着他们会鄙视你。这可能意味着他们自己也很害怕，正努力鼓起勇气说些什么或做些什么。

反抗欺凌

记住，心理虐待具有和身体虐待一样强大的影响力。如果事情不是你的错，你可能需要忍着不去道歉；你也要忍着不去试图避免做任何可能让对方生气的事情，忍着不去严厉地责备自己。在拒绝做那些不符合你或他人最大利益的事情时，如果你用温暖、友善的声音表达对自身感受的慈悲，会让拒绝变得容易一些。

你也许想要开始为自己想说的话或想做的事情制订计划——一个由小步骤组成的计划，并开始慢慢地、一小步一小步地把它付诸实践。如果可以的话，向朋友、家人和/或治疗师寻求帮助。在这种情况下，寻求帮助绝对是对自己的慈悲之举。记住，你并不孤单。欺凌行为与你生而为人的价值无关，它只与欺凌者有关，是这些人在试图补偿自己的焦虑和威胁感。

应对极度自信的他人

如果我们非常害羞，或者即使我们不是害羞的人，有时也很难判断一个看起来非常自信的人到底是一个以剥削的方式去支配别人的人，或者只是一个勇于为自己"尽力争取"的人，只要我们说出需求就会加以回应，他们虽然不会去征求别人的意见，但会对自信的行为做出积极回应。如果你是长期的习惯性害羞者，你很可能会认为对方咄咄逼人或掠夺成性，并对此感到沮丧和愤怒。你的愤怒可能表现为对对方的怨恨或被动攻击，以及自我贬低和严厉的自我批评。在第一章中，作为害羞的三个恶性循环的一部分，我们讨论了有些人可能会在责怪自己和责怪别人之间来回摇摆的过程。我们知道这些感受和想法是完全可以理解的，它们是威胁/保护系统的一部分，但我们也知道，它们会让我们很难辨别别人的动机。

警惕和谨慎可能会适得其反

试图通过警惕和谨慎来保护自己，同时来来回回地责怪自己和别人，可能会造成事与愿违的后果。如果我们对一场可能会出现粗鲁言辞和争吵的商务会议心怀警惕，这可能会导致我们逃避开会或迟到。有时我们会完全忘记这场会议，甚至没有意识到我们在逃避它。因为担心而远离咄咄逼人的同事时，我们可能会错过一个事实：其他人希望和需要我们作为一个更合作的参与者参加会议，因此我们可能会错过与他们建立有益的同盟关系的机会。如果我们不喜欢某个主管或经理，我们可能会拖延对他们的反馈，或者迟交报告，让他们有理由严厉地对待我们。如果觉得没有人可以相信，那我们就无法与任何人分享我们的想法和感受,从而剥夺了自己的社会支持,而社会支持对我们的幸福至关重要。

冒险去了解某人是否值得信赖

如果你决定冒险去了解某个非常自信的人是否值得信赖,尤其是考虑到你可能还带着过去的伤害和残留的伤疤,请感谢自己的勇气。也许他主要关心的是表达自己,不一定是要支配别人。在信任感很强的工作团队中,人们可以相当直言不讳:他们会发表强硬的言论,而其他人也会以同样强硬的言论来回应,要么反驳他们,要么表达不同的观点,没有人一定要赢。类似这样的群体中,参与者倾向于在彼此想法的基础上加以提高,一旦厘清了定义,如果存在足够的信任,他们最终就能共同看到哪些想法最合乎情理。在缺乏信任、政治色彩浓厚或等级森严的环境中,人们可能更害怕发表这样强硬的言论,并坚持自己的观点,而让少数人居于主导地位。

你可以花点时间观察那些你想为之冒险的人。在你看来他们对赢的需求有多强烈?或者相反,他们只是为了表达自己?以下练习可能会有所帮助。

练习：准备与一位自信的同事交流

花几分钟让自己的呼吸舒缓下来，让慈悲、明智、坚强且善解人意的自我进入意识。花点时间去真正感受温暖、力量和理解。然后，想象自己冒一些小的风险，去了解对方是否值得信任。你可以采取这些形式：在会议上做出强硬但冷静的陈述，看对方如何回应，或者提出一个与他们不同的建议，或者在谈话被打断时说"我认为这个想法很重要，我想让你听我说完"，看他们会怎么做。这样做完几分钟后，体验一下你的慈悲自我的温暖。完成练习后，写下当你做好准备后可以采取的一些小步骤。如果你觉得自己准备好了，就决定什么时候迈出第一步。你也可以选择一个你信任的人，在与同事沟通之前和/或之后，跟这个可信的人交谈。

自我反思练习：为艰难的谈话做准备

当我准备好了，我会采取的小步骤是：
_____

如果我需要额外的支持，我会找的人是：
_____

探索领导的可能性

如果你总是避免在工作中担任领导角色,那么如果你有时开始带头,而不是附和别人的计划和优先事项,看一看这样做以后会发生什么,这可能会有帮助。有时候,作为跟随者意味着我们不需要思考自己想从工作中得到什么,或者想在其中做出什么贡献。如果想尝试起带头作用,你可以从仔细观察正在发生的事情开始,留心寻找机会在其他方面做出贡献,而不只是给同事提供支持。这通常不是一个成为超级巨星还是一颗默默无闻的螺丝钉的选择:一般来说,其间有很多中间点。例如,你可能会注意到一个没人做的小项目,于是主动提出承担这个任务。(自愿去做一些对你很重要的事情和/或你喜欢做的工作,这是有好处的。)如果你发现自己害怕犯错,害怕其他人的反对,请记住这是正常的:我们都在冒着风险成长,我们都会犯错误,并从中恢复过来。

你可能需要逼迫自己告诉别人,你想让他们做什么。如果愿意,你可以在家里排练如何大声说出这些话。如果人们不赞成或不同意,或者说他们已经以不同的方式做了一些事情,这没关系。这些回答有助于你在尝试新的行为方式时,学会慈悲地容忍自己的恐惧和/或挫折感。你会发现自己真的很享受这种新的参与方式。重要的是在练习的时候保持舒缓的呼吸节奏,并且在每一次面对挑战时,回想你的慈悲自我或形象。在家练习也是有用的，你想象自己第二天想要尝试做的事情，比如主持一个会议，询问人们的进展情况，或者说明你对当前目标的理解，同时保持舒缓的呼吸节奏，并回想起你的慈悲自我或形象。你也可以在镜子前练习。

自我反思练习：领导

我将通过以下方式寻找领导机会：

抵制对害羞的负面刻板印象

在西方文化中，对害羞的负面刻板印象伴随着媒体中高度权威性的个人主义男性形象的兴起，然后被制药公司利用和推广，他们把害羞变成了一种可以花很多钱来治疗的疾病。根据我的经验，你们中许多人给自己贴上了害羞的标签，但在一个包容的环境中，你们是优秀的合作者，除非你们受到了非常严重的伤害，觉得自己根本不能信任别人。害羞并不意味着你不能有所成就。事实上，在受教育程度最高的人群中，害羞的人可能比不害羞的人更多。记住，在最近的抽样调查中，有60%的大学生表示自己很害羞。你们只是不想过多地暴露在聚光灯下。你们可能也敏锐地意识到，成就及对成就的认可是变幻无常的，特别是在处理无法用"应急"方案解决的复杂问题时。因此，你有时会被忽视；我对害羞的优秀领导者的访谈研究表明，你们倾向于在背后领导，让别人拿走身边产生的任何荣耀。

你可能不太擅长表现自己，容易被忽视，但其他人可能会因为你的认真负责而寻求和你一起工作。在《从优秀到卓越》这本书中，吉姆·柯林斯指出，那些带领企业度过激烈变革的、最有能力的首席执行官当中，就有一些害羞的领导者。柯林斯的研究团队反复告诉他，这些公司的领导者是"羞怯"或"沉默寡言"的，但柯林斯不相信，他必须亲眼看看。他发现，这些人并不渴望曝光；他们所拥有的是一种强烈而专注的投入，为了实现某个目标，他们不在乎谁因此得到了荣誉。他们赋予自己的员工权力，然后不再妨碍他们。现实情况是，我在害羞诊所看到的，当人们感到自己被接受时的真诚、合作、协作的倾向，在商业中依然存在并受到高度重视，这可能是培养真正的领导力的基本要素。如果你能伸出手，传达热情和兴趣，培养慈悲自我，也对他人报以慈悲，并且努力发挥自己的潜能，生活将是令人满意和有意义的。

从《意外帝国：硅谷小子们如何发财致富，对抗外国竞争和仍然找不到约会对象》的书名中可以明显看出，最公开的负面刻板印象也许是留给害羞的男人的。另一方面，女性在工作场所更容易受到负面刻板印象的影响，具有讽刺意味的是，在工作场所，人们假定害羞的女性不会在男性同事（和竞争对手）面前表现得自信。

那么，你要如何抵制负面的刻板印象，并在这样做的同时对自己和他人、对那些害羞的人和不那么害羞的人都充满慈悲呢？通常情况下，在工作中安静地执行自己的日程表，平静地坚持自己对于"什么对你的团队和公司有好处"的信念，同时慈悲地对待自己的社交焦虑，以及其他人潜在的不安全感所导致的威胁/保护系统的反应，这样就够了。

处理模棱两可的情况

我们的很多行为都是模棱两可的，有很大的误读空间。这就是为什么想办法弄清一个人的意思和动机是如此重要。有时候别人沉默寡言，我们会误以为他们不喜欢我们。有时别人会认为我们对他们不感兴趣，但实际上恰恰相反。如果我们可以对不同时间的不同动机加以澄清，而不是在感到非常害羞时进行假设，我们通常也会获得更多的协商空间，以及领导者和追随者角色的交换，当我们更深入地了解情感和动机是如何随时间发生变化时，这一点可能会变得更加明显。在昨天的会议上，我可能在一些我真正关心的事情上扮演了领导者的角色，然而今天的话题是你真正关心的，我很高兴让你来扮演这个角色。

练习：探索模棱两可的情况

想想那些不友好的人，或者对你怠慢无礼的人。花几分钟调整到舒缓的呼吸节奏，回想起你慈悲、明智、深切关怀的自我。当你准备好了，就用最温和的方式问问自己，是否有可能这个人身上发生了其他事情。如果你能做到，并且感觉良好，那就在心里思考一下对方可能的想法和感受。重要的是怀着对自己和对方的温柔的慈悲心，去思考他们的动机可能是什么。他们是否压力很大，只想专注于工作？也许他们在琢磨或担心什么事情？他们会不会因为某些事情而感到脆弱，因此做出自我保护的行为？

这不是一个逻辑方面的练习，它只是一个机会，让你以开放的心态去思考，并注意到自己在思考各种不同的可能性时，有什么样的感觉。结束练习时，你可以想一想自己可以用哪些特别的方式对待对方，例如私下问他们是否还好，或者只是观察他们，继续保持友好的态度。

例子：澄清亲密关系中模棱两可的行为

宝拉刚刚开始一段恋情。安德鲁风趣、乐观、热情，并且显然很喜欢她。她是个热情、随和、可靠的人。宝拉倾向于让别人占据主动，所以她很高兴安德鲁追求她。他们玩得很开心，发现双方有很多共同点。然而，当他们走得更近，要决定是否住在一起时，安德鲁提起他对前一段感情的失望，并且不愿意确定一个日期。宝拉开始注意到，当安德鲁谈论他的前女友时，她会感到害怕，这种感受刺激了她，让她感到需要表现得风趣和讨人喜欢，并且阻碍谈话进一步深入。

她意识到自己很害怕，当她经历恐惧和悲伤时，她明白了自己和安德鲁在一起的动机其实是为了建立一段长期关系，而他可能没有同样的愿望。她认识到自己很容易掉入思维陷阱，极端化地看待他们两个人，认为她没有价值，而他冷酷无情，拒绝接受她。（这就是治疗师常说的"全或无思维"或"非黑即白思维"的一个例子——这是我们在焦虑时的几种典型的无益的思维模式之一。有关这些思维方式的更多信息，请见本书后面的内容。）她想象着自己会对处于这种状况的朋友说些什么。她记得自己曾经大胆说出自己的感受，或者在明知可能会失望时冒险澄清自己的行为，然后取得了成功。为了自己的长远幸福，她想象着要多冒一点险，去更多地了解安德鲁对她有何意图。

下一次见面时,当安德鲁提起他的前女友,宝拉并没有改变话题,而是问安德鲁他在回忆起前一段感情时有什么想法,以及他对他们搬到一起住是怎么想的。安德鲁坦承了他的恐惧,说他想慢慢来,也许只是回到单纯约会的状态,也许是和其他人约会。宝拉告诉安德鲁,她真的能理解他的愿望,但这不是她的目标。她的目标是找到一个可以保持亲密关系的长期伴侣。宝拉很高兴率先澄清了他们的关系,并且有点惊讶地发现,安德鲁其实很容易跟随她的引领,分享他的脆弱和担忧。他还没准备好再次进入一段亲密关系,但他不想失去宝拉。他们决定尽量保持朋友关系。尽管感到悲伤和失望,宝拉还是把自己的资料重新放到了一个约会网站上,并计划下周和某人一起喝咖啡。

练习:探究一段关系中的动机

如果在一段关系中,你知道自己需要明确某人的动机或意图,下面的练习可能会有用。这种关系不一定是恋爱关系:模棱两可的状况也可能出现在友谊或家庭关系中。

想象这样一个场景:你想要澄清模棱两可的地方,但又害怕这样做。调整到舒缓的呼吸节奏,花几分钟时间,回想起你明智、坚强、友善而温柔的自我,他深深地理解你的痛苦，不会被你的痛苦所压倒。然后，当你准备好了，就让自己去感受内心的焦虑和恐惧，也许还有悲伤，直到你真正感到被理解和被接受。如果你愿意，想象如何温柔地支持自己多冒一点险，去了解对方自己想要什么，又想从你那里得到什么，同时记住，你的威胁/保护思维是生物学上与生俱来的，所以你的焦虑是完全自然，无可厚非的。想象一下你会对朋友说什么。想象自己冒着风险谈及你们关系的现状；温柔地问问自己，你可能会说什么、问什么，从长远来看，你能为自己和对方做的最有支持性的事情是什么，即使这意味着你们的关系会发生变化。

　　完成练习后，看看你是否准备好写下一两个澄清关系的小步骤，作为第一步，可以问问对方他们如何看待这段关系，或者他们总体上想从亲密关系中得到什么，或者你可以从说清楚你们各自想从亲密关系中得到什么，谈谈你认为有助于建立良好亲密关系的品质，以及你所钦佩的友谊的品质开始。这类问题通常会让你开始谈论自己的亲密关系，因为人们可能没有明确地想过他们想要什么，你们可能需要在几周时间里多次进行谈话。你不需要为了答案而给自己或别人施加压力。这些对话可以帮助你明确对你来说重要的是什么，并让你有机会看到对方是否也能够讨论他们关心的事情，以及他们是否也能够冒着情感上的风险来加深你们之间的亲密关系。

然而，这个练习是相当具有挑战性的，也许你可以将它搁置起来，先花一段时间练习慈悲地改变你的行为。有时，你要先花几周时间做这本书中的其他练习，并冒险去结识朋友和培养友谊，然后才能完成这个练习。前面的练习可以帮助你更清楚地意识到，在各种关系中你想要什么、需要什么。

自我反思练习：坦率而诚实地对待你想要的东西

在你的生活中，你能否想到任何一段关系，无论是社会关系还是工作关系，在这段关系中你阐明自己的价值观或你想从彼此那里得到什么，这样做可能会有所帮助吗？你可以把它写在这里，当你觉得自己已经准备好进行探索的时候，再回头看看它。

———————————————————————
———————————————————————

你会注意到，所有这些练习都与你正在学习的新行为方式有关，这种学习从使用舒缓的呼吸，以及与你的慈悲自我或完美的滋养者形象进行交流开始。这是为了帮助你带着温柔、关怀、温暖和智慧倾听和容忍自己的恐惧和挫折感，有时也包括羞耻和怨恨。你的慈悲自我或形象也能帮助你理清自己的动机和行为选择，同时尽可能温暖、包容、不评判、友善和体谅地对待自己和他人。

我们学到了什么

慈悲行为是从群居生活的哺乳动物的利他和关怀行为进化而来的。

慈悲行为意味着在我们面临社交焦虑、挑战和挫折时采取行动，做一些旨在帮助、鼓励和支持的事情。

虽然可以理解基于威胁的反应并不是我们的错，但我们也可以承担起责任，改变我们的行为和追求我们的目标。你可以做正确的事，而不是在困难的情况下表现友善；你可以按照自己的价值观，向当权者讲真话；感到孤独时，你能抵抗破坏性的人际关系和群体——在做所有这些时，友善且善解人意的慈悲自我都是你的向导和同伴。

你可以怀着对自己和他人的慈悲开始承担领导者的角色，你们可以轮流做领导。

所有关系中都存在两难困境和模棱两可的部分。在改变行为的同时，对模棱两可的状况报以慈悲和容忍的态度，这需要勇气，有时是离开一段关系的勇气，有时是冒险去建立一段新关系的勇气。往往，我们必须冒险去查明一个人是剥削成性还是值得依赖；过于警惕和谨慎都会妨害我们，让我们事与愿违。

儿童欺凌现象很常见，害羞的孩子很容易受到伤害。职场欺凌现象也很常见，但你可以怀着对自己和欺凌者的慈悲来应对欺凌，知道什么时候寻求帮助很重要。

用慈悲改变行为不是一朝一夕的事。改变对我们所有人来说是一个持续终生的过程，它会带来更多的满足感和喜悦。

第九章

整合的行动建议

我们知道害羞是一种普遍的、我们都会经历的情绪。我们知道它有很多优势,如敏感、谨慎、体贴、尽责、随和,以及合作的行为倾向。我们知道,历史上有许多害羞的优秀领导人、科学天才和媒体人物。这些人是榜样和典范,他们分享了你们的优势和困难、你们的当务之急和焦虑、你们的感受、动机和想法,以及你们的痛苦。通过发挥自己的优势和应对害羞问题,他们实现了自己的目标。

我们已经探讨了普通的害羞是如何变成一个问题的,原因包括消极的生活事件、竞争激烈的课堂,苛刻或不愿帮助的老师,过度保护或忽视的父母,或者批评和羞辱、情感虐待的父母。当害羞变得更加极端时,自责和羞耻,以及令人痛苦的社交焦虑就开始起作用了。然后你就会逃避自己在生活中真正想要的东西，比如爱和支持，以及为你所关心和重视的事物做贡献，去实现它们。

我们已经讨论了极端害羞的三个恶性循环：恐惧-逃离，自责-羞耻，以及怨恨-责怪他人，看到了羞耻如何让我们感到与自己和他人疏远。我们学会了如何做到社交适能，以及如何练习新的行为，尝试新的相处方式。

我们也知道，无论是对自己还是对他人的慈悲，都能在很大程度上帮助我们克服严重害羞在生活中造成的问题。感到社交焦虑不是我们的错：产生这些感受的大脑状态是随着时间推移而进化出来保护我们的。我们都只是发现自己在尽我们所能地去过自己想要的生活。我们所能做的就是学着去培养另一种舒缓、冷静的大脑状态，学会对自己和他人运用我们友善和关怀的本能——幸运的是，我们也和其他哺乳动物一样进化出了这些本能。在追求这个目标的过程中，我们已经发现了如何通过包括正念呼吸和意象在内的一系列练习来培养慈悲的思维和行为。

在这最后一章中，我们来看一些建议，这些建议旨在保持你在克服与害羞有关的问题上所取得的进展。我们还会看看，当发生困难或挫折时，你可以用哪些方法保护自己并继续取得进步。

> **自我反思练习：探索而诚实地对待你想要的东西**
>
> 你从这本书中学到的最重要的事情是什么？
> _____
>
> 这周你想练习什么技能或新行为，趁着你对它的重要性记忆犹新？
> _____
>
> 当你需要友善和慈悲地对待自己时，你会回到什么练习上？
> _____

向前看：现在该做什么

保持写作

当你接着进行正念和舒缓练习时，继续使用笔记本或日记是个好主意。把想到的事情写下来，可以帮助你重新平衡自己的情绪和想法；以后有需要的时候，你可以很方便地获得这些想法。

练习正念

不加评判地观察你的身体感觉，你的呼吸，你在自己身体内外的声音，你的思维、意象和情绪，观察自己有时坐着，有时走着，以此来培养正念。

你也可以看到，你的想法就像河面上的树叶，飞快地流过。注意到"看"可以帮助你站在一旁，这样你就可以观察自己的想法，而不会陷入其中，也不会把它们与静止的绝对现实混为一谈。尽可能每天练习，哪怕只练习几分钟。

集中注意力

把注意力集中在你想要的和期望的事物上，集中在你的优势和过去好的体验上。试着每天至少做一次这个练习，一天做几次会更好。你会发现在练习的过程中，它变得更加自动化、简单和自然。每天准点看手表，提醒自己记住自己的优点和自己在生活中想要的东西，这是一件很愉快的事情。

创造慈悲意象

如果可以的话，每天都在你的脑海中产生慈悲的意象。它们可能是转瞬即逝的视觉图像、声音或感受，一种对关怀存在的感知；或者你也可以选择自然界的图像，比如水、树或动物。重要的是，这些意象给你一种放松的感觉。记住，你是在帮助自己对来自自己的慈悲敞开心扉。你也更有可能注意到别人对你的慈悲，以及注意到你自己对别人的慈悲感受。

你可以做试验，试验对象就是你完美的滋养者，你理想的慈悲自我，以及已经存在于你内心、只需要你去接触的那个真实的慈悲自我。尽你所能，塑造一些支持、友善、明智、坚强、理解、鼓励，并且可以容忍痛苦情绪的形象，这些形象会帮助你容忍痛苦情绪，而不陷入其中。从长远来看，这将减轻你令人痛苦的焦虑症状。当这些问题很严重，你害怕自己会感到难以承受，或者仿佛自己不值得慈悲时，那就停止练习，回到舒缓的呼吸状态，然后再试一次，任何时候只要你需要停止练习，那就这样做。

运用慈悲推理

注意你的情绪，同时发展社交焦虑想法的替代方案，用自我支持的想法来平衡心智，并慈悲地对待自己。使用"新脑"的推理、智慧和逻辑，将社交焦虑和令人痛苦的害羞思维带回平衡状态。记住，你可以改变那些对世界和对自己无益的信念，让它们变得更有帮助。就像锻炼身体做运动一样，你也在锻炼自己的思维，如果每天都锻炼，你会发现变化发生得更快。这也有助于你信任和接纳自己及他人。

练习慈悲行为

采取行动，做一些对自己和他人都有帮助的事情。自愿去做一些你相信的事情，或者帮助年迈的邻居，试着给一个孩子做哥哥或姐姐，如果他需要的话。冒险尝试新事物，学习公开演讲和自信行为等技能，或参加即兴表演课程，以此来培养慈悲行为。尽你所能，勇敢地去抵制向权势者或剥削者献媚的冲动，但要听取人们的意见，倾听他们的担忧，询问人们他们到底希望你做什么，从而澄清模棱两可的行为和动机。询问你可以做些什么来改善自己的工作表现。尝试去做你认为正确的事情，即使这很难，而不是为了避免摩擦而故作友善。即使面对那些有权有势的人，也尝试依照你的价值观，说出你真实的想法和感受。即使感到孤独，也要尽你所能地抵制破坏性的人际关系和群体，转而求助于明智、友善、善解人意的慈悲自我（作为向导和同伴）。如果你正处于一段充满痛苦的关系中，觉得自己无法离开，试着从朋友或治疗师那里寻求帮助。学会轮流领导，采取一些小步骤来取得领导地位。记住要采取可控制的步骤，一次走一步。

难以做到慈悲的时候

抵制来自他人和自己的各种负面刻板印象

意识到对你自己、你的家庭或你的背景的任何方面的负面刻板印象，运用慈悲自我来帮助你抵制它们的影响。抵制对种族、性别、宗教、明显的差异，以及害羞本身的负面刻板印象，同时专注于你的目标并坚持自我。需要的时候，向理解你的朋友或治疗师寻求帮助。你的家庭医生可以帮忙把你转介给合格的专业人士，如果你需要药物帮助你达到一个更平静的状态，在这种状态下你可以更充分地利用这本书中概述的原则，家庭医生也可以帮你开具这些药物。

反对欺凌儿童和你自己

儿童欺凌很常见，害羞的孩子很容易受到伤害。如果你有一个害羞的孩子，要确保他们的学校不允许欺凌行为，并将任何欺凌扼杀在萌芽状态，认识到欺凌可能会造成持久的创伤。如果欺凌是被允许的，或者没有被有效地消除，那就换一所学校。

如果你在工作场所被欺凌，记住这是非常常见的，但你可以怀着对自己和欺凌者的慈悲来处理这种情况。如果欺凌者对你的慈悲方法没有做出积极的回应，那就寻求帮助吧。

练习慈悲

你可以使用本书中的练习来让自己更经常地感受到安慰和慈悲，并在这个世界引发你的害羞和社交焦虑时，让它们带给你的痛苦有所缓解。如果很难找到时间，你可以在入睡前、初醒时、泡澡或淋浴时，甚至等红绿灯和超市排队时做这个练习。如果你定期做这些练习，每天做几分钟，或者每周做几次，每次半小时，你会发现自己感觉更好、更强壮，因为你选择了创造一种舒缓的心理状态。

在这本书中，我们对大脑中的第三种情绪系统，即驱动-兴奋系统的关注很少。这里有必要再提一下，因为当你计划去乡下旅行、骑自行车或徒步旅行、参观博物馆、看电影或戏剧——任何你期待的事情时，知道这样做会起作用，这种知道本身就是有帮助的。如果你悲伤、低落、孤独或沮丧，驱动-兴奋系统会让你振作起来，给你重新开始的能量。这可以帮助你摆脱孤独，激励你尝试一些慈悲行为，比如邀请别人和你一起去。如果你还没有准备好，那就从跟邻居打招呼、帮别人做家务，或者参加当地组织的志愿者活动开始。它还可以帮助你用自己真正喜欢做的事情来奖励自己，比如听唱片、看视频、看电影或给自己买一本新书。

实现并保持慈悲的社交适能是一个持续的、终身的过程。通过练习以自己和他人为对象的慈悲的关注、想象、思考和行为，你正在创造自己想要的生活。你将学会忍受焦虑和情绪痛苦，同时将心智转向慈悲的关注，激活舒缓系统。你可以产生作为替代的慈悲想法，以此来平衡你的心智，而不是被社交焦虑和自责、自惭的冲动所驱使。当你接受生活给你的挑战并掌控它时，专注于你所相信的行为，做出计划并加以执行。开始每天练习慈悲的关注、感受、思考和行为，即使只做几分钟也行。要对自己有耐心，用慈悲改变行为不是一朝一夕的事。慈悲地对待你的练习，做自己的好朋友。

> **自我反思练习：做自己的好朋友**
>
> 在练习以及继续了解自己和他人的过程中，你有什么话想一遍又一遍地对自己说？
> _____
>
> 当你结交新朋友并更多地与他人分享自己时，你所拥有的、用来引导自己的最重要的价值观是什么？
> _____

在平和、友善的状态下前行，与成长中的慈悲自我相伴，一路上保持好奇，享受快乐。